KB009882

1인 출판사를 시작하려는 누군가에게

도움이 되기를 바라며

내 작은 출판사를 소개합니다

혼자 일하지만 행복한 1인 출판사의 하루

내 작은 출판사를
소개합니다

최수진 지음

세나북스

작지만 사랑스러운(?) 나의 출판사에
여러분을 초대합니다

"이 책 읽고 1인 출판사 시작했습니다."

불과 며칠 전에 어떤 분이 인스타그램에 올려주신 댓글
이다. 작년 12월, 『1인 출판사 수업』을 출간하고 들은 최고
의 칭찬이다. 한창 이 원고를 다듬던 중이라 기분이 묘하
기도 하고 당연히 무척 기뻤다.

칭찬만 들은 것도 아니다. 실무적인 내용이 너무 없다는 평도 많았다. 사실 『1인 출판사 수업』이라는 제목이 좀 거창하기는 했다. 누군가가 '1인 출판사 한번 해 볼까?'라고 생각하고 있다면, 내 책을 읽고 판단에 도움이 되자는 의도로 책을 썼다. 책을 읽고 실제로 독자님이 어떤 결정을 했는지 궁금하다. 한 분이라도 내 책을 읽고 1인 출판사를 하기로 하셨다니, 도움을 드리고자 했는데 마음이 통한 듯해서 감사하다.

이 책은 『1인 출판사 수업』의 후속편이라고도 할 수 있다. 전작에서 조금 부족했던 실전적인 내용을 많이 담았다. 원래 『1인 출판사 수업 실전편』이라는 책 제목을 생각했지만, 너무 수험서 같은 제목이라 마음에 들지 않았다. 그래서 좀 에세이 같은 제목으로 지었다.

내용도 출판에 관한 이야기지만 에세이에 가깝다. 부제 '혼자 일하지만 행복한 1인 출판사의 하루'처럼 이 책으로 1인 출판사가 어떤 하루를 보내는지 간접 체험이 가능하다. 1인 출판사를 하려는 분들께 실질적 도움이 되는 정보를 드리는 것이 이 책의 가장 큰 목적이다.

사람들은 크고 있어 보이는 물건을 좋아한다. 회사도 대기업을 선호하고 차도 큰 차를 좋아한다. 하지만 나는 책 제목에 나오는 '내 작은 출판사'라는 말이 너무 좋다. 남들이 보기에는 혼자 일하는 작은 회사지만 나에게는 삶의 터전이고 나를 보여주는 무형의 공간이며, 작가님들과 책을 만드는 창작의 세계를 받쳐주는 든든한 버팀목이다.

일하는 모습이 우아하지도 않고 어찌 보면 마감을 맞추느라 잠도 들쑥날쑥 자고 혼자서 일하니 초췌한 몰골로 대부분의 시간을 보낸다. 자다 나와서 세수도 안 하고 바로 책상에 앉아 일하기도 한다. 일과 일상의 경계가 모호하다. 사무실도 따로 없이 아파트 거실 한쪽 책상에 앉아 항상 자판을 두드리거나 아이디어를 내고 있다.

사실 그리 잘나가는 출판사는 아니지만 적어도 새로 시작하시는 분들께 작은 도움을 드릴 정도의 시간을 보냈고, 소소하거나 중요한 출판 경험을 다양하게 쌓았다고 생각한다. 그리고 무엇보다 나는 아직도 이 일이 재미있고 신이 나서 준비만 철저히 잘한다면 꼭 해보라고 다른 분에게도 권하고 싶다.

'출판사 한 번 해보세요'라는 말이 '맛집 생겼는데 가서 드셔보세요'라는 말처럼 쉽다면 얼마나 좋을까. 나는 매일 그 맛있는 가게를 사람들에게 소개하고 있을 것이다.

맛집 사장님은 엄청난 노력으로 가게를 잘 나가게 했기에 우리는 가서 돈을 내고 먹기만 하면 된다. 하지만 출판사는 내가 노력과 정성을 직접 쏟아서 잘 나가게 만들어야 하니 그냥 가서 먹기만 하면 되는 맛집에 비교할 수는 없다. 그래도 사람 심리는 좋은 게 있으면 주변에 권하게 된다.

어느 정도 궤도에 오르면 정말 이보다 더 좋을 수 없이 보람 있고 즐거운 직업이 1인 출판사 대표다. 거기까지 가기가 좀 힘들 뿐이다. 이 책이 1인 출판사를 하기로 결심한 분들께 작은 도움이 되기를 진심으로 바란다.

2020년 6월
최수진

2장 출판과 글쓰기

3장 1인 출판사 일상

4장 인쇄, 유통과 친해지자

5장   어떻게 책을 팔 것인가?

1장

1인 출판사로 산다는 것

인생 이모작,
1인 출판사와 프리랜서 번역가, 그리고 귀농

배터리 다 떨어질 때까지 조직에 붙어 있으면 좀 그렇다. 배터리가 조금 남아 있을 때 미리 조직을 나오는 게 좋다. 조직에서 나가라고 할 때까지 붙어 있으면 에너지가 방전되기 쉽다. 조금 먼저 나와야만 남은 에너지를 이모작하는 데 투입할 수 있다.

이모작의 소프트랜딩 비결은 역시 준비다. 위의 두 사람은 취미가 벌이로 연결되는 준비를 한 사례다. 준비 없이 조직에 안주하다가 어느 날 떨려난 사람들은 '맨땅에 헤딩하는' 쓴맛을 보고 있다.

- 조용헌, 『조용헌의 인생독법』

조용헌 선생은 내가 좋아하는 작가다. 사주 명리와 동양학에 정통하시다. 인간사의 모든 진리를 꿰뚫는 듯한 선생의 글은 줄을 그으면서 읽게 된다.

『조용헌의 인생독법』은 틈날 때마다 들춰보는 책인데 이번에도 간만에 여유가 생겨서 좋아하는 부분만 읽다가 아예 처음부터 다시 읽기 시작했다. 독서 속도가 예전보다 빨라져서 집중만 가능하면 2시간도 안 걸려서 단행본 한 권은 읽는다.

최근에 세나북스에서 낸 책은 내가 쓴『1인 출판사 수업』을 비롯해 『청춘의 여행, 바람이 부는 순간』,『한 달의 교토』,『초보 프리랜서 번역가 일기』이렇게 네 권인데 저자들은 공통점이 있다. 바로 인생 이모작에 성공했다.

나는 성공하고는 거리가 멀지만 일단 전직, 그러니까 직업을 바꾸는 데 성공했다 정도로 해두자. 나 말고 다른 작가님들은 정말 이모작에 성공했다. 물론 작가님들은 젊은 나이에 워낙 일찍 지금의 직업에 안착해서 이모작이라는 말이 조금 안 어울리기도 하지만, 위에 옮겨놓은 조용헌 선생의 말처럼 이모작의 시작은 가능한 빨라야 좋다.

나도 39살쯤부터 이모작을 생각해서 마흔두 살부터 새로운 일인 출판에 전력투구했는데 아직도 겨우 버티는 수준이니, 이보다 더 늦게 시작했으면 진즉에 나자빠졌을 것이다. 다행히 아직은 체력도 나쁘지 않고 머리도 영 안 돌지는 않아서 열심히 하고는 있지만, 솔직히 지금도 헉헉대며 겨우 하는 처지다. 이러니 내가 주변 사람들에게 1인 출판사를 하라고 말할 수 있을까? 그래놓고는 1인 출판사 강의는 한다고 덥석 받아놓아서 지금 강의안을 열심히 만들고 있다.

나 혼자 결혼 안 하고 자식 없이 살며 이 일을 했으면 아주 여유 있게 먹고 살았을 것 같다. 더군다나 나에게는 국민연금도 있지 않은가! (아직 받지는 못했지만). 지금 수입은 세 식구가 정도 먹고 살 정도는 된다. 비유가 적당한지 모르겠지만.

하지만 아이 셋을 키우며 이 일을 하니 완전 밑 빠진 독에 물 붓기 수준이다. 남편 월급이 없으면 답이 없다. 아이가 많으니 시간도 부족하지만 하여간 아이들에게는 돈이 참 많이 들어간다.

지난달까지 아들이 과학 학원을 두 개나 다녔는데 이제 수업이 다 끝나서 학원 안 가도 된다는 말을 듣고 두 손을 번쩍 들고 만세 삼창을 불렀다. 아아, 도대체 공교육에서 좀 더 해주면 안 되나.

그래도 새끼들은 너무나도 예쁜 것을 어찌하나. 그냥 내가 좀 더 열심히 하고 고생하면 된다 싶다. 다행히 얼마 전부터 막내도 어린이집을 가기 시작해서 출판에 더 시간을 쓸 수도 있게 되었다.

신세 한탄이 길었다. 하여간 1인 출판사는 만만히 볼 일은 아니며 먹여 살려야 할 처자식이 있다면 제발 다시 잘 생각해서 할 것인지 말 것인지를 선택하자.

다시 강조하지만 혈혈단신, 혼자라면 해볼 만하다. 그러니 한 살이라도 어릴 때, 젊을 때 도전해야 마음이 편하다. 아, 그리고 배우자가 직업이 좀 확실하면 좋다. T.T (이게 할 소리냐고요!)

지금 내 나이 40대 후반. 솔직히 출판을 75살까지는 할 수 있을 것 같다. 아직도 30년이나 더 할 수 있다. (물론 나만의 생각이지만)

나는 IT 기업에 다니다가 1인 출판사로 직업을 바꾸었고 박현아 작가님과 김민주 작가님은 회사에 다니다가 프리랜서 번역가가 되었다. 이동호 작가님은 군 부사관으로 일하다가 그만두고 세계여행을 다녀온 뒤 귀농해서 지금은 충남 홍성에서 멋진 두 번째 인생을 살고 있다. 나까지 포함해서 모두 두 번째 직업에 만족하고 있다.

인생 이모작, 누구나 할 수 있다. 지금 하는 일이 있고 직장을 다니고 있더라도 좋아하는 일이 있다면 망설이지 말고 이모작에 도전해 보자! 왜냐하면, 꿈은 소중하니까.

1인 출판사를 하려면
어떤 마음(?)의 준비가 필요할까?

　지인 중에도 1인 출판사를 하려고 준비하다가 출판사 등록까지는 했는데 책을 못 낸 사람, 책을 내긴 했는데 한 권만 내고 더 내지 못하는 사람, 책을 여러 권 냈는데도 무슨 사정인지 이제는 출판을 안 하고 접은 사람 등이 있다.

　출판사를 시작해서 잘하는 분도 물론 있다. 왜 어떤 사람들은 잘하고 있고 어떤 사람들은 시작도 제대로 못 해보고 그렇게 하고 싶었던 출판의 꿈을 접고 마는 것일까?

　직접 1인 출판사를 해 본 사람들이 어떤 포인트에서 힘들어하고 결국 그만두기까지 하는지 잘 관찰해서 분석해 본다면 새로 1인 출판사를 하는 사람들의 시간과 노력을 아끼고 시행착오를 줄일 수 있다.

이러한 차이는 의외로 물리적인 문제, 예를 들면 자금력이나 사람들의 능력보다는, 다른 요소에 의해 좌우된다고 생각한다. 물론, 이건 개인적인 의견이지만 참고로 하면 도움이 될 것 같다. 그렇다면 1인 출판사를 하려면 어떤 마음(?)의 준비가 필요할까?

물리적으로 필요한 요소도 있지만 6년째 출판사를 해보니 그래도 내가 아직 버티고 있는 이유를 스스로 알 것 같다. 얼마 전 일본의 천재 편집자 미노와 고스케의 『미치지 않고서야』를 읽고 한 대목에서 엄청난 공감을 했다.

나만 해도 누구보다 책을 많이 내고 있다. 스마트폰을 누구보다 오래 들여다본다. 줄곧 책에 관해 생각하고 자나 깨나 홍보 방법을 고민한다. 그러하기에 지금 편집과 인터넷을 조합하는 것으로는 일본에서 미노와가 가장 뛰어나다는 평가를 받을 수 있는 것이다.

- 미노와 고스케, 『미치지 않고서야』

나는 비록 천재 편집자는커녕 겨우겨우 1인 출판사를 하는, 아직도 초보적인 실수를 하는 좀 엉성한 출판사 사장이지만, 하루종일 머릿속은 출판으로 가득 차 있다. 출판사 사장이라면 당연하지 않겠냐 생각하겠지만 이게 사람에 따라 많이 다르지 않을까 싶다.

아침에 일어나자마자 그날의 책 주문을 확인하고 출간된 책의 판매 동향을 체크한다. 기존에 낸 책의 마케팅을 고민하고 앞으로 낼 책에 대한 여러 생각으로 머릿속은 항상 복잡하다.

그래서인지 요즘은 깜박깜박 중요한 약속을 잊어버리기도 해서 가끔 곤란한 일이 생기기도 한다. 나이가 조금 드니 예전만큼 멀티플레이가 안 되나 싶기도 하다. 아, 나이 탓은 하지 말자. 그래도 이 일은 여전히 내게 미지의 영역이고 도전해야 할 과제이며 재미있는 놀이터다.

한마디로 출판 일이 너무 좋거나 재미있고 반쯤, 아니 어쩌면 좀 많이 미쳐야 한다. 『미치지 않고서야』라는 책 제목이 얼마나 절묘한지! 책을 읽고 나서야 '아, 정말 책 제목 잘 지었다!'라고 생각했다.

그럼 내가 출판에 미친(?) 인간인지 아닌지 어떻게 자가 진단 할 수 있을까?

자신에게 자꾸자꾸 물어보면 좋다. 난 정말 이 일이 아니면 안 되는가? 라고 물어봐야 한다. 생각을 적어보기도 하고 적어 놓은 내용을 읽어도 본다. 나는 아무리 힘들어도 이 일을 포기하지 않을 자신이 있는가? 적어도 3년은 성과가 두드러지게 나지 않아도 버틸 수 있는가? 이런 질문을 자신에게 계속해야 한다.

그러다 보면 어느 날 문득(!) 분명히 알게 된다. 이 길이 나의 길임을…. 마음속에서 어떤 대답이 들려오는 그 순간, 우리는 그 목소리에 따라야 한다.

좋아하는 일을 하기 위한
최소한의 조건은 무엇일까?

전작인『1인 출판사 수업』의 부제는 '좋아하는 일 오랫동안 계속하기'였는데 많은 분이 이 부제를 마음에 들어 하셨다. 달과 화성 여행이 곧 가능해진다는 최첨단 시대지만, 어쩌다 우리는 자신이 좋아하는 일을 마음껏 할 수 있는 자유조차 없이 살고 있는 것일까?

남 이야기할 것 없이 나도 정말 좋아하는 일도 아닌 직업을 가지고 17년이나 직장생활을 했다. 조금 변명을 하자면 아주 싫어하는 일은 아니었지만 아무리 생각해도 미치도록 좋았던 기억도 별로 없다.

그나마 마지막 8년 정도 했던 데이터 아키텍처 컨설팅드는 그 분야의 전문가가 많지 않다 보니 좀 잘난 척(?)을 할 수 있어서 자존감을 높이는 데는 좋았지만, 워낙 내가 일을 변변하게 잘하지 못해서 빛이 많이 바랜 느낌이다.

지금 생각하면 내가 아주 잘할 수 있는 일이 아니었다. 그 일에 미쳐야 하는데 그 정도는 아니었으니까. 일을 정말 재미있어한 회사 선배가 있었는데, 주말에 집에서 데이터 모델링 책을 보면서 쉰다고 하길래 고개를 절레절레 흔들었던 기억이 난다. 난 그 일을 더 잘하기 위한 공부를 주말에, 집에서 절대 하고 싶지 않았으니까.

프로젝트를 수행해야 해서 어쩔 수 없이 집에서 데이터 표준화 책을 보며 공부했던 기억은 있다. 하여간 내일모레면 50살인데 제대로 한 일이 별로 없는 인생이다. 인정할 건 인정해야지.

그럼 내가 좋아하는 일을 할 수 있으려면 어떻게 하면 좋을까? 간단하게 생각하자. 당장 하면 된다. (뭐야…)

하지만 이게 말처럼 쉽지 않다. 아주 젊고 (20대 중반 정도로 해둡시다), 먹고 살 걱정이 없으며 (돈이 있거나 부모님에게 빌붙어 살 수 있는 천혜의 조건을 가진 축복받은 자), 딸린 식구도 없으면 (결혼했거나 자식이 있으면 조금 곤란하다) 내가 좋아하는 일을 그냥 당장 무조건, 하면 된다. 뭐가 문제 겠는가!

나는 7살에 초등학교에 입학(생일이 2월이다)해서 19세에 대학에 입학(장하다!), 4년 만에 졸업하고 (우리 때는 다 4년 만에 졸업해서 특별할 건 없음) 졸업 전에 취직했다. (우리 때는 IMF 전이어서 취직이 좀 쉬웠음) 집이 지방이어서 서울에서 혼자 자취를 했는데 그러다 보니 무조건 취직해야 했다. 23살부터 직장생활을 하며 독립을 했다. 취업과 동시에 부모님께 생활비를 안 받았다. 뭐 당연한 일이지만.

직업 선택에서 좋아하는 일을 한다거나 하는 마음의 여유나 환경적 지원 같은 건 없었다. 다 필요 없고 밥벌이를 해야 했다. 통계학과를 졸업해서 IT 기업에 취업했고 월급을 받아서 '나의 슬기로운 솔로 자취 생활'을 해야 하니 그냥 열심히 회사에 다녔다. 그렇게 살다 보니 17년이나 지났다. 마흔이 되어서야 내가 정말 좋아하는 일을 해야겠다고 생각했고 출판을 하게 되었다.

그래도 운이 좋았다고 생각한다. 풍년은 아직 못 이루었지만, 이모작에 일단 도전해서 어느 정도 성과는 있었기 때문이다. 주말에도 재미있게(?) 일을 하고 있다.

그럼 지금은 좋아하는 일을 하니 모든 고민이 해결되었을까? 당연히 그렇지 않다. 인생이 그렇게 쉬우면 우리가 지금 이러고 있겠는가. 좋아하는 일을 하고 있으며 어느 정도의 자유는 주어졌지만, 그저 좋아하는 일을 마음껏 하는 것만으로는 생계를 유지할 수가 없다. 그렇다, 좋아하는 일을 하며 그걸로 충분히 먹고 살 수 있어야 한다. 이게 중요하고 실현하기가 어렵다.

좋아하는 일을 하려면 한 가지 조건이 필요하다. '객관적인 시각'을 가져야 한다는 것이다. 내가 좋아하는 일은 출판이니 출판을 예로 들어 이야기해보자.

이 객관적인 시각은 내가 하는 출판이라는 비즈니스와 관련된 객관적인 시각이다. 만약 내가 좋아하는 분야의, 내고 싶은 책만 출판한다면 과연 책을 팔아서 생계를 유지할 수 있을까?

쉽지 않다고 본다. 좋아하는 일을 하는 건 좋지만 고객의 니즈를 알아야 한다. 여기서 의미하는 고객의 구성은 아주 다양하다. 책을 사는 독자도 고객이며 나와 일을 하는 모든 사람이 나의 고객이다. 작가님들도 포함된다. 이 사람들이 무엇을 원하는지 잘 알고 맞추어 나가야 한다. 그러려면 적당한 타협이 필요하다. 이 타협은 세상과의 타협이기도 하다.

팔리지 않는 책, 아무도 듣지 않는 음악을 만들면서 '나는 내가 좋아하는 일을 하니 행복하다'라고 말한다면 곤란하다. 좋아하는 일과 그 외의 일과의 밸런스를 잘 유지해서 시너지를 내야만 내가 좋아하는 일을 하면서 돈도 벌고 남에게 인정도 받을 수 있다.

이런 생각을 출판사를 시작하기 전에 당연히 먼저 해야 하지만, 많은 사람은 내가 좋아하는 책, 내고 싶은 책을 일단 낼 거야 하고 고집을 부린다.

당신에게 진정한 팬 1,000명과 그들과 당신을 직접적으로 이어줄 새로운 테크놀러지만 있다면, 당신이 좋아하는 것으로 먹고살 수 있습니다.

세계 최고의 과학 기술 문화 전문 잡지 〈와이어드〉의

공동 창간자 중 한 명인 케빈 켈리가 한 말인데, 인플루언서의 등장으로 이 말이 그대로 증명된 셈이다.

출판에도 당연히 적용할 수 있다. 나만의 취향에 공감하고 반드시 책을 사주거나 적극적 반응을 해 주는 사람이 1~2천 명 정도만 고정적으로 변함없이 존재하고, 내가 그들과 어떤 방식으로든 연결되어 있다면 얼마든지 책을 내도 된다.

이런 확실한 팬도 확보하지 못한 상태라면 결과는 뻔하다. 몇 번 책을 내보고 지지리도 안 나가는 책이 물류 창고에 산처럼 쌓인 끔찍한 모습을 봐야 혼자서만 좋아하는 책을 낸다는 생각이 어처구니없는 실수라는 사실을 스스로 깨닫게 된다.

처음 출판을 시작했을 때는 저자도 원고도 없었기에 제대로 된 눈을 가지고 원고를 검토하지 못했다. 그래서 실수도 하고 실패도 했다. 하지만 이런 경험들이 쌓여서 지금은 내가 어떤 책을 내야 출판사를 계속할 수 있는지 감을 잡아가고 있다.

사실 1인 출판사가 초창기에 내는 책을 여러 권 실패하면 도저히 회사를 유지할 수 없는 지경에 이를 수 있다. 그래서 철저한 검토 없이 좋아하는 분야라고 책을 함부로 내서는 절대 안 된다.

당장 돈이 안 되지만 너무 내고 싶은 책이 있다면 출판사를 어느 정도 안정화하고 여유가 조금 있을 때 내도 늦지 않다.

백수로 살기, 프리랜서로 살기가 대세다

주변 사람들이 나를 백수로 생각했으면 좋겠다. 아니, 나는 고미숙 선생의 책『조선에서 백수로 살기』에 나오는 백수에 거의 99% 근접해 있다.

나는 직업이 있지만 어떨 때는 하루종일 논다. 놀다 지쳐서 저녁이 되면 조금 심심해진다. 그러면 이렇게 생각한다. '아, 이제 일을 좀 해볼까?'

이런 생활을 해도 아무도 내게 뭐라 하지 않는다. 난 혼자 일하는 1인 출판사니까. 만들던 책이 두 달 정도 늦게 나온다고 누구 하나 왜 그러냐고 안 묻는다. 내 마음이다.

왜 더 빨리 출판을 하지 않고 직장을 꾸역꾸역 17년이나 다녔는지 지금 생각하면 어이가 없을 정도다.

백수지만 경제활동은 한다. 백수는 '노동'이 아니라 '활동'을 한다는 고미숙 선생의 정의를 읽고 나 감동, 아니 감탄했다. 아, 이 얼마나 적절한 표현인지. 난 이 책에서 말하는 백수가 되고 싶고 이미 그런 것 같다. 시류에 잘 맞는 내용이다.

아직 젊은데 정규직, 대기업, 공무원만을 바라본다면 말리고 싶다. 왜 그렇게 살아야 하는지 한 번 더 생각해 봐야 한다. 내게 가장 잘 맞는 나만의 인생 해법을 찾아내야만 한다.

백수로 살기, 프리랜서로 살기는 앞으로 대세가 될 것이다. 내 주변의 프리랜서들은 삶의 만족도가 매우 높다. 물론 그렇게 되기까지 많은 시행착오와 힘든 시간도 있었겠지만, 시간과 노력을 투자할 만한 가치는 충분하다.

백수는 직업이 없는 게 아니라 스스로 경제활동을 주도하는 존재다. 아무 일도 하지 않는 백수는 드물다. 뭐든 한다. 다만 정규직에 매이거나 어떤 고정된 장소에 출퇴근을 하지 않을 뿐이다. 필요할 땐 직업을 갖지만, 쉬고 싶으면 언제든 그만둔다.

백수가 해야 할 가장 핵심적 활동은 독서다. 아니, 읽는 활동이라고 하는 게 더 적절하다. 읽기는 가장 근원적이고 본질적인 행위다. 당연히 책이 중심이다.

요즘 청년들은 조직이나 노동에 매이고 싶어 하지 않는다. 경제활동을 거부하는 건 아니다. 자기가 원하는 일을, 자유롭게, 하고 싶을 때 하기를 원한다. 그래서 정규직을 확대하는 것보다 계약직이나 프리랜서의 위상을 높여주는 게 낫다.

- 고미숙, 『조선에서 백수로 살기』

정부에서도 계약직이나 프리랜서에 대한 지원을 더 해주어야 한다. 평소 내가 주변에 하고 다니던 이야기인데 고미숙 선생이 책에서 이렇게 언급하니 너무 기쁘다.

조선에서 백수로 산다는 건 정말 즐거운 일이다. 난 오늘도 낮에는 하루종일 아이 돌보고 놀다가 저녁 8시, 이제 슬

슬 공부도 하고 일도 조금 할 예정이다. 낮잠을 못 자서 피곤하면 8시에 아이와 같이 자고 새벽 2시쯤 일어나서 아침까지 일한다.

24시간을 내 마음대로 활용할 수 있어서 자기 관리만 잘하면 아이도 돌보고 집안일도 하고 내가 하고 싶은 일도 다 할 수 있다. 직장을 다닌다면 가능하지 않은 생활이다. 지금의 내 생활에 100% 만족한다.

불과 6년 전, 나는 아이들이 아파도 회사 눈치 보며 병원도 마음대로 못 데리고 가고, 집에 일이 있어도 휴가도 마음대로 못 내고 눈치나 봐야 하는 워킹맘이었다. 지금은 누구의 눈치도 보지 않고 일하고 싶을 때 하고 쉬고 싶을 때 쉰다. 누구나 이런 삶을 살 수 있다고 생각한다.

책 읽기, 글쓰기를 너무나도 좋아하고 지금 하는 일이 너무 재미없다면 하고 싶은 일을 시작하자. 1인 출판사도 좋은 대안이 될 것이다.

10년 후, 나와 나의 출판사

출판사를 하겠다고 결심하고 준비하던 시절, 어떻게 하면 출판을 잘 할 수 있을까 많이 고민했다. 출판을 잘하려면 기획력이 있어야 하는데, 결국 기획이라는 것이 참신한 아이디어이고 창의력이 바탕이 되어야 가능할 것 같았다. 그리고 아이를 기르고 있으니 창의력에 대해 알아두면 나쁠 것이 없다는, 스스로도 빠져나가지 못할 자기 합리화 논리를 펼치며 창의력에 관한 책들을 많이 읽었다.

그 중 『이광형 교수의 3차원 창의력 개발법』을 재미있게 읽었다. 특히 일본에 대한 예시들이 많이 나와서 일본에 관심이 있는 내게는 더욱더 흥미로웠다.

이 책에서 창의력 향상을 위해 중요하게 생각하는 요소

는 '시간', '공간', 그리고 '분야'이다.

예를 들어 공간은 어떤 사안이나 특정 현상에 대해 한국이면 어떤 결과가 나올까, 미국이면 어떤 결과가 나올까 하고 공간적인 이동을 시켜보는 것이다.

세계 여러 나라에 대해 많은 지식이 있다면 이러한 상상이나 예상이 더욱더 쉽다. 다양하고 깊은 경험이 주는 힘이다. 이광형 교수는 이처럼 여러 나라에 대한 다채로운 경험이 창의력 향상에 큰 도움이 된다고 말하고 있다.

이런 관점에서 일본에 대한 콘텐츠를 많이 다루는 우리 출판사는 독자님의 창의력 향상에 아주 조금 기여하고 있다고 생각한다. (책을 좀 팔아보겠다고 무리한 끼워 맞추기를 한 점 인정합니다)

그리고 시간! 특정한 주제나 사안에 대해 10년 후에는? 20년 후에는? 하고 생각해보면 창의력 향상에 좋다. 종이컵은 10년 후에 어떤 모습으로 변할까? 사용은 하고 있을까? 이런 식으로 말이다.

이러한 각자의 생각을 주제로 토론도 좋고 자신에게 질문을 던져도 좋다. 결국, 생각하는 힘 기르기가 중요하다는 이야기일 수도 있다. 20년 후 지구 라이프는 어떻게 변화할 것인가? 많은 일류 기업들은 이미 이런 고민에 밤잠을 설치고 있다. 미래를 선점하려면 미래에 대한 예측이 가능해야 한다.

하지만 인류의 심각한 고민은 석학이나 저명한 과학자님과 선구자들께 맡긴다. 나는 10년 후, 아니 1년 후의 나와 나의 작은 출판사의 미래를 고민하기에도 벅차다.

그도 그럴 것이 작년 초만 해도 '야, 우리 출판사가 이제 자리를 잡았구나!'하고 득의양양해서는 자금 운용을 잘 못해서 올해까지도 고생하고 있다. 1년 후는커녕 6개월 후도 못 내다보는 미련함이라니….

1인 출판이 어려운 이유는 1인 출판사 사장 개인의 능력이 부족한 부분도 있겠지만, 환경적인 갑작스러운 리스크에 잘 대응하기도 어렵기 때문이다. 사실 최근에 있었던 도매상 부도(2017년 송인서적 부도)나 코로나 19도 예측하기 힘든 대형 리스크다.

우리 출판사는 작년의 일본과의 관계 악화로 인한 영향이 엄청나게 컸다. 지금 생각하면 좀 잘 나갈(?) 때 고삐를 더 단단히 쥐고 내실 있게 운용했어야 했는데 그러지 못했다.

그래도 좋은 공부 했다는 마음가짐으로 올해는 지난해의 손실을 열심히 메우고 있다. 1인 출판사를 5년 했으니 일단 향후 5년 동안만이라도 크게 손해 보지 않고 내실을 잘 다지자는 것이 지금 세울 수 있는 최선의 계획인 듯싶다.

앞으로 10년 후면 세상이 어떻게 바뀔지 상상조차 되지 않는다. 그런 환경에서 출판은 또 어떤 기회와 리스크를 만나게 될까? 이런 생각을 좀 더 자주 해봐야겠다.

p.s 이 글을 편집하는 도중에 도매상 인터파크송인서적이 법원에 기업 회생 절차를 신청했다는 기사가 나왔다. 생각지도 못한 변수에 당황스럽지만 잘 해결되었으면 좋겠다.

드라마로 살펴본 한국 출판 편집자의 위상

이예은 작가님의 『다카마쓰를 만나러 갑니다』를 출간했을 때의 일이다. 독자와의 만남을 신촌 토즈에서 했는데 작가와의 대화 순서를 진행하던 중 나에게 질문해 주시는 분이 계셨다. 엥? 저요?

그분 말씀이 〈로맨스는 별책부록〉을 요즘 재미있게 보고 있는데 출판사가 배경이라 출판과 편집자에 관심을 가지게 되었다고 했다. 제목을 듣고 나서 한참 동안 '어, 로맨스 저게 뭐더라, 많이 들어봤는데?' 했는데 당시 방영된 드라마로, 풍문으로 인기가 있다고 듣고 있었다.

그 드라마 봤냐고 내게 물어본 지인도 몇 명 있었다. 조금 본 적도 있는데 배경이 되는 출판사 사무실이 크고 세련된 공간이라 사람들의 상상력을 좀 자극할 것 같았다. 저 정도 출판사면 정말 돈이 많은 출판사인데… 이런 생각을 했다. 아, 내가 받은 질문은 세나북스가 일본 관련 책을 주로 내는데 특별히 이유가 있는지 등을 물어보셔서 성심껏 답해드렸다.

『한국의 출판기획자』에는 '후남이는 반짝반짝 빛날 수 있을까'라는 글이 있다. 한국 드라마에 나온 출판 편집자들에 대한 글인데 아주 흥미롭다. 내용은 다음과 같다.

출판편집자가 처음 드라마에 등장한 것이 1993년 방영된 화제의 드라마 〈아들과 딸〉이라고 한다. 후남이(배우 김희애가 후남이 역이었다)는 나도 기억할 정도로 당시 인기 있는 캐릭터였다. 그런데 후남이의 직업이 출판편집자였다고 한다. 이건 몰랐는데?

재미있는 건 이 드라마에 등장한 출판사가 너무나도 근무환경이 열악해서 한동안 근무환경이 열악하고 경영마인드가 후진 출판사를 '후남이 출판사'라고 불렀다고 한다. 거의 공식적인 출판업계 용어였다고 하니 성말 재미있다. 출판업계 출신이 아닌 나는 이런 이야기를 들으면 신선하고 재미있다.

그 이후 〈9회말 2아웃〉, 〈달콤한 나의 도시〉 등의 드라마에 출판편집자가 주인공으로 등장했다고 한다. 이들 드라마에 나오는 출판사의 외적 환경 등은 조금은 더 세련되어졌으나 여전히 근무 여건은 그리 좋지 않았다고 한다. (드라마상의 여건을 의미합니다)

그러다가 2009년 8월부터 SBS에서 방영된 16부작 드라마 〈스타일〉에 김혜수가 편집장 역으로 등장, '엣지 있게'를 외쳐대며 세련미 뿜뿜 출판인이 등장하게 되었다.

물론 〈스타일〉은 패션 잡지에 관한 내용이라 일반적인 단행본을 주로 내는 출판사 모습과는 조금 거리가 있을 수는 있지만, 어쨌든 출판사나 출판사에 근무하는 사람들의 분위기를 한 번 쇄신했다고 전해진다. 그리고 〈반짝반짝 빛나는〉, 〈천일의 약속〉 등의 드라마에서 더욱 세련된 공간에서 근무하는 편집자들이 등장했다고 한다.

나는 어차피 집에서 일하니 세련된 사무실 같은 건 꿈도 못 꾸지만, 이 글을 참 재미있게 읽었다. 세월의 흐름에 따라 직업에 대한 이미지가 바뀌고 사람들이 일하는 공간과 그 일을 하는 사람에 대한 이미지도 자꾸만 변해간다.

출판편집자는 어떤 이미지를 지닌 직업일까? 사실 현장에서 출판편집자나 출판노동자의 근무 여건은 그리 좋지 않다고 한다. 물론 회사마다 차이는 있겠지만 정말 직원을 생각하고 직원의 앞날을 생각하는 회사는 조금만 생각해봐도 그리 많지는 않을 듯하다.

한국은 출판 규모 자체가 작다. 대기업이라고 부를 만한 출판사도 거의 없다. 대기업이라고 별수 있는 것도 아니다. 다녀보면 회사는 다 똑같다. 다들 회사에 다니고 있으니 잘 알 것이다.

처음 출판 일을 하며 출판계 이야기를 직접, 간접으로 접했는데 출판계의 노동조건이 어찌나 내가 일했던 IT 업계와 비슷한지 깜짝 놀랐다.

예를 들면 인건비 때문에 아웃풋의 품질은 고려하지 않고 신입을 선호한다든지, 일을 좀 하는 대리급은 이직이 흔하고 40이 넘으면 회사에 남아있기 힘든 구조 등등 유사한 점이 한둘이 아니었다. 신입이나 새로 들어온 사람들을 체계적으로 키우기보다는 일단 일을 시키고, 못 하면 못한다고 비난하는 모습도 똑같았다. 아마 다른 업계도 다 비슷할 것이다. 이런 문제는 의외로 특정 업계에 한정된 문제라기보다는 성숙하지 못한 직장 문화와 회사 구성원들의 마인드 문제가 아닐까?

『편집자의 마음』에는 저자가 편집자가 되려고 결심하고 강의를 들었는데, 첫날 강사가 하는 말이 "편집자 하지 마세요."였다는 내용이 나온다. 이 말에는 업계의 고단한 현실이 고스란히 녹아 있다.

그런데도 많은 사람은 여전히 편집자를 하기도 하고 출판계에서 열심히 자신의 인생을 살아가고 있다. 나름의 보람을 찾으며….

나처럼 1인 출판사를 하며 시간을 내 마음대로 할 수 있다면 이 일은 꽤 괜찮은 직업이다. 보람도 있고 재미있고 나름 멋진 직업이라고 생각한다. 이 일이 재미없고 힘들어지는 이유는 회사에 다니면서 격무에 시달리고 인격적으로 대우받지 못하기 때문이다. 회사는 이윤을 추구해야 하니 어쩔 수 없는 부분도 많이 존재한다.

그리고 회사에서는 내가 만들고 싶은 책을 마음대로 만

들 여건도 되지 않을 것이다. 당연히 재미가 없다. 그래서 많은 편집자가 1인 출판사나 작은 출판사를 세워서 독립하는지도 모른다. 한국의 출판사나 모든 회사가 일하기 좋은 환경이 된다면 얼마나 좋을까.

출판편집자 겸 1인 출판사 대표. 이게 내 직업이다. 나는 출판사 대표보다 편집자라고 불리는 편을 더 좋아한다. 출판사를 다녀본 경험도 없어서 수십 년 경력의 편집자님들과는 비교도 되지 않는 수준의 편집자다. 노력은 하고 있지만 갈 길은 아직 멀다. 그래도 이 일을 하는 자신이 자랑스럽다.

비록 멋지고 세련된 사무실도 없고 실력도 그리 좋지 못하지만, 내가 만들고 싶은 책을 작가님들과 재미있고 즐겁게 만들며 소소한 일상을 보낸다. 아무리 멋진 사무실에서 남들이 보기에는 좀 있어 보이는 프로젝트를 한다 해도 일과 직장 생활에 만족하지 못한다면 무슨 의미가 있을까.

지금 누리는 이 환경에 감사하며 더 좋은 책으로 오늘도 독자님들을 만나러 간다. 이렇게 매일매일 독자님들께 열심히 다가갈 것이다.

잘 나가는 일본 출판사는 뭐가 다를까?

 2019년에 좋은 기회가 있어서 일본 출판 현장을 둘러볼 수 있었다. 일본도 예전만큼 책이 잘 팔리지는 않아서 불황을 벗어나기 위해 노력하는 모습이었다. 일본은 만화와 잡지로 수익을 올려왔는데 잡지 판매가 매년 현저히 줄어들고 있다. 일본 출판이 불황 타개를 위한 방법의 하나가 출판 저작권, 콘텐츠 수출이다.

 일본은 해외 저작권 수출에 20년 이상 노력해 왔고, 그 결과 괄목할 성과를 내고 있다. 이런 일본 출판의 힘은 어디서 나오는지, 최근 활발한 일본출판사의 저작권과 콘텐츠 수출 전략에서 우리가 참고할 부분이나 배울 점이 무엇인지 궁금했다.

사실 다른 나라에 팔릴만한 좋은 콘텐츠를 가지고 있어야 수출을 이야기 할 수 있다. 한국과 중국을 비롯한 많은 나라에서 일본 콘텐츠는 인기가 있다. 부럽다는 생각도 들지만 우리도 할 수 있다고 생각한다.

디스커버21 출판사 호시바 유미코 대표는 "국내만으로는 이제 사업이 어렵다. 세계를 상대로 한 콘텐츠가 필요하다. 세계에 통하는, 10년은 지속하는 콘텐츠를 찾고 있다."라는 말로 콘텐츠의 중요성을 강조했다.

좋은 콘텐츠를 만드는 잘 나가는 일본 출판사에는 어떤 특별한 점이 있을지 무척 궁금했다. 사실, 그 이유를 미리 짐작하고 있었지만 직접 현장에서 확인하고 싶었다. 결론부터 말하자면 좋은 콘텐츠를 만들려면 '편집자의 기획력이나 실력이 좋아야 한다'라고 생각한다. 너무 당연한가?

이런 면에서 선마크 출판사가 인상적이었는데, 편집자에 대한 대우가 좋았다. 선마크 출판사가 출간한 가와구치 도시카즈의 『커피가 식기 전에』(일본에서 85만 부 판매)는 편집자가 연극을 보고 각본가에게 소설을 제안해서 책으로 만들어졌는데, 영화로도 만들어지는 등 일본에서 엄청난 인기를 얻었다.

기존에 선마크 출판사는 소설을 출간한 적이 없어서 윗선의 출간 반대도 있었지만 '편집자 특권'이라는, 1년에 한 권, 편집자가 만들고 싶은 책을 누구의 간섭도 받지 않고 만들 수 있는 제도를 활용해서 책이 출간되었고, 많은 인기를 얻게 되었다. 이 책은 한국에도 출간되었다.

또한, 편집자에게 고액의 보너스를 주는 제도도 시행 중인데 일반적으로 출판계에 잘 없는 시스템이라고 한다. 일본에서는 편집자 한 명이 일반적으로 1년에 10~12권 정도 책을 만들지만 선마크 출판사는 5~6권 정도 만든다.

선마크 출판사뿐만 아니라 방문했던 다른 일본 출판사에서도 일본의 편집자들은 편집자라는 직업에 프라이드를 가지고 직업 세계를 펼치고 있다는 느낌을 받았다. 이것이 가능해지려면 회사가 시스템을 만들어주고 분위기를 꾸준히 유지해주어야 한다.

이 시스템은 문서로 명기된 정형화된 그 무엇은 아니다. 다수의 베스트셀러를 낸 PHP 출판사에서 편집자들은 어떻게 일을 하고 책을 만드는지 궁금했다. 더 구체적으로 말하면 이런 좋은 책들이 회사가 만든 프로세스나 시스템의 산물인지, 순수한 개인의 역량인지가 알고 싶었다.

PHP 담당자의 말로는 PHP에도 완전히 정형화된 기획 프로세스는 없고 사람에 따라 조금씩 다르며 기획, 제작하는 편집자의 개인 역량이 가장 중요하다고 답했다.

어쩌면 가장 듣고 싶었던 대답이다. 결국 편집자 개개인이 최고의 역량을 뽑아낼 수 있는 어떠한 유무형의 시스템이면 충분하다는 결론을 내릴 수 있었다.

어떤 한국 출판 관계자는 일본 출판에서 가장 부러운 부분은 분야별 전문가가 많다는 점이라고 말했다. 이 또한 편집자나 출판 관계자가 긴 호흡을 가지고 체계적인 경력을 쌓을 수 있게 해 주는 출판사와 출판계의 좋은 시스템이 있다면 가능하다.

지인이 모 출판사 영업자 출신인데 그 출판사는 20년 전에는 꽤 잘 나가서 직원도 많았고 규모도 꽤 컸다. 특히 한 분야에서 두드러진 성과를 내고 있었다. 그런데 지금은 규모도 작아지고 원래 잘 나가던 분야에서도 인지도가 낮으며, 도리어 다른 회사가 더 유명하다.

왜 그런지 궁금해서 이유를 물어보니 너무 다양한 분야에 손을 댔다고 한다. 그러다 보니 편집자들의 전문성 기르기 같은 건 고려대상도 아니었을 것이고 잘 나가던 분야에서조차 전문성이 떨어지고 말았다. 한국의 큰 출판사나 잘 나가는 중소 규모 출판사도 대체로 주력 분야가 존재한다. 문학을 주로 다루는 출판사가 요리책을 내는 일은 흔하지 않다.

일본의 출판사 관계자들은 대개 고학력자들이다. 일본 대학생들을 대상으로 입사하고 싶은 회사 랭킹을 조사했는데, 10위 안에 출판사만 세 곳이 있었다고 한다. 일본 최대 규모 출판사인 고단샤(講談社), 슈에이샤(集英社), 쇼가쿠칸(小学館)이다. 이 세 회사가 일본 전체 출판 시장에서 차지하는 비율은 15%나 된다. 이들 출판사에 근무하면 인텔리로 대우받고 그만큼 처우도 좋다고 한다.*

잘 나가는 출판사란 출판 전문가를 키울 수 있고 이 전문가들이 자신의 역량을 최대한 발휘할 수 있는 환경을 마련해 줄 수 있는 출판사일 것이다.

* 〈기획회의〉 417호, '편집자를 위한 큐레이터를 만나다' (2016.06.05)

1인 출판사는 이런 면에서 봐도 큰 출판사에 절대 밀리지 않는다. 도리어 자신의 역량을 더 자유롭게 최대치로 뽑을 수 있는지도 모른다. 요즘 들어 1인 출판사들이 좋은 성과를 내는 이유다.

1인 출판사로 살아남으려면
장인 정신으로 무장해야 하나?

『2030 기회의 대이동』에는 '자신의 지식과 기술을 예술의 경지로 높여 장인이 돼라'라는 말이 나온다. 정말 멋진 말이다. 이 책에서는 정보화가 더욱더 가속화되는 고도의 지식사회에서 지식은 성공과 부를 만들어내는 원천이며 이러한 지식을 보유하지 못하면 기업이든 개인이든 심각한 어려움에 직면할 수밖에 없다고 말한다.

이러한 지식을 바탕으로 한 기술이나 능력이 그 가치를 인정받으려면, 기계든 사람이든 모방이 어려워야 한다. 숙련된 지식근로자만 살아남고 자기가 가장 자신 있는 분야의 지식을 장인의 수준으로 향상하는 사람만 생존을 보장받을 수 있다고 이 책에서는 말한다.

이를 위해서 우리가 해야 할 일은 우선 자신이 가장 좋아하는 분야를 찾아야 한다. 그리고 그 분야에 올인하는 것이다. '장인의 지식'을 쌓아가는 데 필요한 현실적인 전략도 소개해서 아주 흥미롭게 읽었다. 나는 이 책을 출간된 지 2년쯤 뒤인 2016년에 읽고 실제로 이 책에 나온 전략들을 실천하기도 했는데 출판 일을 하는 데 큰 도움이 되었다.

이 책은 입소문을 듣고 사서 읽게 되었다. 사람들은 좋은 책을 금방 알아보고 주변에 자발적으로 알린다. 이 입소문의 메커니즘은 참 신기하고 연구 대상이다. 결국 좋은 책을 만들어야 출판사가 흥하게 된다. 이런 재미있는 현상을 보면서 북 마케팅에 대해 많은 생각을 하게 된다.

우석훈의 『불황 10년』은 2015년에 읽었는데, 당시 출판을 계속할지 고민이 많던 나에게 도움이 된 책이다. 2015년부터 출판을 시작했지만 2015년 중반까지도 너무 막막해서 원래 하던 일과 출판 사이에서 저울질을 하고 있었다. 그러다가 2015년 말에야 확실하게 마음을 출판으로 돌렸다.

이런 판단을 하는 데는 많은 책을 통한 간접 경험이 도움이 되었다. 『불황 10년』에서는 '프리랜서'에 대한 내용이 특히 인상적이었다. 이 내용은 『2030 기회의 대이동』에 나오는 내용과 일맥상통한다.

기업과 같이 조직으로 일하든, 혹은 혼자서 일하든, 10년 이상의 기간을 장기적으로 버틸 수 있는 방법은 딱 한 가지이다. 그건 바로 품질관리, 일정 수준 이상의 제품의 질을 보장할 수 있어야 한다.

좋은 물건을 지속적으로 잘 만들어내는 것이 혼자 일하는 사람에게 가장 중요한 일이다. 길게 보면, 이런 것이 혼자 일하는 사람에게 결정적인 충분조건이 된다. 스포츠와 이런 분야가 조금 다른 게, 육체적 나이 자체가 문제가 되지는 않는 점이다. 시간이 지날수록 실력이 붙고, 자신만의 노하우나 전략 같은 게 생긴다.

정년까지 일할 수 있도록 보장해주는 직장은 아주 빠

른 속도로 줄고 있고, 이 흐름에 반전이 생길 계기가 당분간은 별로 없다. 남을 것인가, 떠날 것인가. 그것보다 무슨 일을 할 것인가, 이런 고민이 더 많이 필요한 시기가 다가오고 있다.

이런 주옥같은 내용이 나온다.

많은 사람이 1인 출판, 1인 출판사에 관심을 가지는 이유 중 하나는 역시 정년이 없기 때문이 아닐까? 조직에 붙어 있는 건 정말 쉽지 않은 일이다.

내가 좋아하는 일이 있고, 그 일은 열심히만 한다면 시간이 흐르면서 실력이 붙고 노하우가 생기는 분야라면, 정말 한번 도전해서 해 볼 만하지 않을까?

어떤 일을 하더라도 기간에 실력이 비례하는 일을, 그래서 다른 사람이 쉽게 넘지 못하는 경지에 이르는 일을 선택하면 좋다. 지금 당장 백수거나 하고 싶지 않은 일을 생계를 위해 하고 있더라도, 미래를 위한 공부를 열심히 하며 실력을 쌓고 있다면 100% 남는 장사다. 언젠가 내 꿈을 펼칠 때 그전에 했던 모든 경험과 공부를 다 써먹는다.

정말 재미있는 것이, 내가 좋아하는 일과 별 접점이 없는 일을 그 전에 했더라도 그때의 경험이 내가 좋아하는 일을 하는데 어떤 방식으로든 도움이 된다. 버릴 것이 없다. 그러니 당장 좋아하는 일을 못 하고 있다고 슬퍼할 필요 없다. 일단 지금 하는 일에도 최선을 다해야 한다.

아직도 출판 장인의 길은 멀고도 멀었지만 매일매일 노력하고 있다. 한 10년쯤 후에는 분명 지금보다 더 나아져 있을 것을 믿어 의심치 않는다.

요즘은 낮 3쯤 되어 졸리기 시작하면 두세 시간 잔다. 일어나서 저녁을 만들어 먹고 아이가 8시쯤 잠들면 일하다가 다시 새벽 4시 정도에 자서 7시쯤 일어나는, 하루에 두 번 자는 생활을 하고 있다. 낮에는 아이를 돌보느라 시간이 없기 때문이다. 항상 이 패턴인 것도 아니다. 일이 있어서 낮잠을 못 자면 저녁에 몰아서 자기도 하고 자주 바뀐다.

직장인처럼 낮에 일을 규칙적으로 많이 할 수는 없지만 일하는 시간은 어떻게 해서든 만들 수 있다. 문제는 좋아하는 일의 존재 여부와 의지다. 밤새워 일해도 이 일을 계속하고 싶으니 언젠가는 더 잘 할 수 있을 것 같다.

나는 조직 인간인가 프리랜서가 맞는가?

조직 생활이 편하다는 사람도 있지만 조금 과장하자면 나는 첫 직장에 입사한 그 순간부터 '아, 조직 싫어!'라고 생각했다.

『무의식은 답을 알고 있다』의 저자는 남들이 다 부러워하는 직장(삼성전자)에 다니고 있었다. 그런데 이상하게도 하루하루의 생활이 지옥 같았다. 언제인가부터 세상 사람들의 눈치를 보기 시작했고, 그러다가 그들이 원하는 틀에 자신을 끼워 맞추려고 했으며, 그것이 세상에서 성공하는 최고의 처세술이라고 믿으면서 억지로 살아가고 있는 자신을 발견한다.

그리고는 지난 삶을 돌아보며 오랜 시간 끝에 의외의 결론을 얻었다. 스스로 조직 친화적인 인간이라고 여겨왔는데, 실제의 저자는 그와 정반대로 혼자 일할 때 가장 능률이 오르고 행복한 사람이라는 사실을 알게 된 것이다. 결국 자신의 내면을 잘 들여다보고 정말 자신이 원하는 삶을 찾게 되었다.

나도 이 대목에서 많이 공감했다. 회사를 그럭저럭 다니면서도 "아, 그런데 이 길은 아닌 것 같아. 난 다른 사람이 되고 싶어! 다른 일을 하고 싶어!"라는 생각이 든다면 과감하게 자신과 자신이 하는 일에 대해 다시 생각해봐야 한다. 우리는 자신에 대해 무지하다. 하루종일 시간을 보내는 직장과 나의 직업은 과연 나에게 잘 맞는지 진지한 고민을 꼭 해봐야 한다.

자신에게 이런 질문을 계속해보자. 나는 조직 인간인가 프리랜서가 맞는 인간인가? 프리랜서가 잘 맞는 사람들이 직장에서 일하면 몸과 마음이 너무 힘들다. 프리랜서도 사실 쉽지 않은 길이지만 자신에게 잘 맞고 성공적으로 정착만 하면 "내가 왜 진작 이 길을 가지 않았을까?"라는 생각을 하게 될 정도로 만족도가 높다.

이런 판단을 하려면 무의식을 잘 살펴야 한다. 자신의 무의식이 어디를 향하고 있는지 잘 안다면 숨겨진 자신의 진짜 모습을 쉽게 찾을 수 있다.

무의식에 대한 인식은 바로 나 자신을 잘 아는 일이다. 진정 자신이 원하는 삶을 살기 위해서는 무의식에 귀를 기울여야 한다.

1인 출판사는 프리랜서와 삶의 결이 비슷하다. 도러시아 브랜디의 『작가 수업』에도 무의식에 관한 이야기가 나온다.

무의식은 우리가 흔히 생각하는 것보다 훨씬 더 높은 수준의 도움을 준다. 어떤 예술이든 무의식에 저장된 기억과 감정뿐만 아니라 상상력이라는 무의식의 알찬 내용물에 의지해야 한다. 재능을 타고난 사람은 이러한 자원을 끊임없이 활용하는 가운데 자신의 존재를 마음껏 펼치며 편안하게 살아간다. 그런 사람은 생명력과 활기가 무한정 넘쳐날뿐더러 저 먼 곳에서 들려오는 울림을 억누르는 법이 없다.

지금 다른 사람이 되고 싶다는 울림을 억누르고 있지는 않은가? 그렇다면 자신의 내면의 소리에 귀를 기울여야 할 시간이다.

잘 나가는 출판사를 벤치마킹하자!
출판사마다 잘하는 분야가 있다

내가 아는 북 마케팅 방법을 나열해보겠다.

- 서평 이벤트
- **블로그에서 책 홍보하기**
- SNS 활용 (인스타그램, 페이스북, 유튜브 등을 통한 책 소개)
- SNS 광고 (페이스북, 인스타그램 유료 광고)
- 이벤트 진행 (출간 기념회, 사인회, 저자와의 만남 등)
- 인터뷰 게재 (각종 인터넷 매체에 저자 인터뷰 등을 게재)
- 북피알, 여산 통신 (신간 릴리즈 전문 대행사)을 이용한 홍보
- 북트레일러 (동영상) 만들기
- 카드리뷰 만들기

- 카드뉴스 만들기
- 광고페이지 만들어서 인터넷 서점에 올리기
- 크라우드 펀딩
- 굿즈 제작

이 방법들 말고도 더 있다! 그럼 나는 이 방법들을 알차게 다 활용하고 있을까?

절대 그럴 리가 없다. 그 이유는 여러 가지가 있지만 역시 시간과 노력, 비용이 들기 때문이다. 나는 1인 출판사다. 혼자 다 해야 한다. 물론 자금의 여유가 있으면 홍보를 외부 전문가에게 맡길 수 있을지도 모른다.

하지만 아무리 전문가가 있다 해도 출판사 사장이 홍보를 직접 할 수 있어야 한다. 직원이나 외주는 월급을 받고 돈을 받아도 사장만큼 열정적으로 일하고 홍보하지 않는다.

예전에 작가 중 한 명이 내가 책을 열심히 팔지 않았다고 말해서 어이가 없었다. 있을 수 없는 일이다. 그리고 나는 한 번도 최선을 다하지 않은 적이 없다. 그런 나에게 책이 많이 안 나갔다고 최선을 다하지 않았다고 말한 것이다. 심지어 자기가 소개해준 작은 서점과는 왜 거래를 하지 않았느냐고 말하기도 했다.

내가 홍보 능력이 없었을지는 몰라도 절대 대충하거나 최선을 다하지 않은 적은 없다. 당연하지 않은가? 돈을 투자한 사람도 나고 책이 안 팔리면 제일 손해를 보는 사람도 나인데 내가 어떻게 일을 대충할 수 있겠는가?

그 책이 많이 안 나간 건 아무래도 책의 콘셉트가 확실하지 않았기 때문이다. 콘셉트를 잘 못 잡은 책임은 분명 내게 있다. 책 자체가 힘이 없으면 아무리 홍보를 해도 잘 안 나가고 생명이 짧다.

그리고 거래처를 어떻게 할지는 출판사 대표인 내 고유권한이다. 특정 서점과 거래를 하라 말라 하는 건 아무리 작가라도 오버다. 나는 일부러 작은 서점과는 직접 거래를 안 한다. 도저히 시간이 부족해서 진행할 수가 없다.

나는 위에 나열한 다양한 마케팅 방법 중 아주 일부만 사용한다. 다양하게 다하고 싶어도 시간이 부족하기도 하고 에너지도 부족하다. 헉헉대며 하는데도 또 다음 책을 만들어야 하니 홍보에도 한계가 있다.

그래도 꾸준히 나가는 책들은 계속 홍보를 한다. 잘 보면 큰 출판사에서 나온 책도 홍보 기간이 아주 길지는 않다. 왜냐하면 계속 신간이 나오기 때문이다.

예를 들어서 우리는 2016년에 나온 책을 아직도 열심히 홍보하고 있다. 그 책이 계속 잘 나가고 있고 많은 분이 필요로 하기 때문이다. 잘 팔릴 때는 한 달에 100권도 나간다! 이런 책을 많이 만들어야 한다. 출판사 사장이 가장 좋아하는 책은 역시 스테디셀러다.

서평 이벤트를 열심히 하는 이유는 잘 나가는 출판사를 벤치마킹한 것이다. 그 방법이 내가 추구하는 바와도 잘 맞다. 우리 책을 읽고 서평을 써준다는데 이렇게 고마운 일이! 이런 마음이 든다.

유튜브로 홍보도 하고 싶지만 아직 시작도 못 하고 있다. 올해에는 새로운 마케팅 방법에도 많이 도전해봐야겠다.

1인 출판도 창업, 기업 경영이다
미리 공부하고 시작하자

공병호의『1인 기업가로 홀로서기』에는 1인 기업가로 성공하기 위해서는 2가지 실력이 중요하다는 내용이 나온다. 하나는 시장에서 원하는 것을 발견하는 실력, 또 하나는 시장에서 원하는 것을 창조적으로 만들어낼 수 있는 실력이다. 출판에도 이 말은 딱 들어맞는다.

『제로창업』에는 '출판 창업법'이라는 내용이 나온다.

내용을 간단하게 소개하면 어떤 사람이 책을 내면 독자의 관점에서 "이 책의 저자는 책을 낼 정도의 전문가다"라는 증거가 되어 단 한 권의 책을 내는 것만으로도 고객에게 크게 어필할 수 있고 창업에 유리하다는 내용이다.

특히 "출판하는 장점은 이것만이 아니다. 출판을 한다는 것은 전국의 서점에 당신의 사업을 일제히 광고한다는 것을 의미하는 것이다."라는 말이 나온다. 잘 생각해보면 저자뿐만 아니라 출판사 입장에서도 이 장점을 취할 수 있다. 책을 내면 전국에 출판사를 알리는 책이 유통되고 진열된다.

그런데 어디선가 이런 이야기를 들은 적이 있다.

"작고 이름 없는 출판사라고 주눅들 필요 없다. 어차피 독자는 출판사보다는 책 내용을 보고 책을 구매한다."

엥, 그럼 전국에 책을 내보내도 출판사를 알리는 효과는 없는 건가? 아, 헷갈린다.

책은 다른 소비재와는 차별화된 상품이지만 어찌 되었든 사고 팔리는 물건이다. 내가 쓴 책이, 내가 만든 책이 전국 단위로 팔린다는 건 특별한 일이다.

『제로창업』에는 이 외에도 우리가 평소에 알던 내용이지만 '아, 이렇게 생각하면 사업과 연결할 수 있겠다' 하는 방법을 많이 제시한다. 그리고 무엇보다 자신이 하고 싶은 일, 너무 좋아해서 열정이 샘솟는 일을 하라고 말한다. 우리는 그런 일을 해야 한다.

성공에 없어서는 안 될 황금 법칙이란 무엇인가? 그것은 시작한다는 것과 지속한다는 것이다. 사업이란 정말 단순해서, 이 2가지만 제대로 할 수 있다면 대체로 잘된다. 많은 사람들이 창업을 해도 잘 안 되는 이유는 - 일각에서는 창업해도 10년 안에 80~90%가 폐업을 한다고 전해진다. - 오로지 지속할 수가 없기 때문이다. 처음에는 과감하게 시작할 수는 있어도, 일의 성과가 나지 않으면 금세 정신적으로 힘들어져 좌절해 버린다.

- 오시에 마사루, 기타노 데쓰마사, 『제로창업』

정말 공감이 가는 내용이다. 마치 출판 이야기만 콕 집어서 하는 듯하다. 출판도 시작은 쉽지만 오래 잘해나가기는 정말 힘들다.

1인 출판, 출판 창업을 생각한다면 출판에 대한 지식만 쌓기보다는 창업이라는 프레임으로도 접근해서 관련 분야의 책을 읽거나 연구를 하면 좋다. 지금 와서 보니 1인 출판사 초창기에 읽었던 이 책의 내용도 많이 참고했고 창업에 관한 책들이 실제 사업을 계속하는데 도움이 되었다.

사실 이런 책들을 참고했다는 사실조차 잊고 있었는데 이 책을 쓰면서 예전에 내가 썼던 서평이나 블로깅을 찾아보고 알게 되었다.

준비된 출판, 지속 가능한 1인 출판사 운영을 원한다면 사전 준비 단계에서 책도 많이 읽고 정보도 많이 수집해서 여러 각도로 사업을 고민해봐야 한다. 홍보와 영업에 대한 고민도 미리 많이 해야 하지만 경영에 관한 지식도 사전에 쌓아놓아야 한다.

2 장

출판과 글쓰기

1인 출판사 대표와 작가 사이

작년 12월에 『1인 출판사 수업』을 내고 올해 다시 내가 쓴 책 『책과 여행으로 만난 일본 문화』를 출간했다. 사실 책을 낼 때마다 좀 어색하기도 하고 내가 만든 출판사에서 내 책을 내는 것도 사실 좀 없어(?) 보이기도 한다. 정말 자신감이라고는 없는 나다.

작년 하반기에 너무 출판사 사정이 안 좋아져서 자금도 돌게 하고 정신 차리려고 매달 책을 내기로 했다. 그런데 준비된 원고가 없었다. 10월에 『손으로 쓰면서 외우는 일본어 문법 30일 완성』이 나오고 다음 책은 한창 만드는 중이라 일정상 빨라야 2020년 2월에나 나올 수 있을 듯했다. 없는 원고를 만들어 낼 수도 없고….

고민하다가 문득 작년 4월부터 써 놓은 블로그 글이 생각났다. <맨땅에서 1인 출판사 시작하기>란 글을 꾸준히 올리고 있었는데 23개 꼭지 정도 써 놓은 상태였다. 무슨 바람이 불었는지 작년 4월과 5월 두 달 동안 글을 좀 써야겠다는 생각이 들었다. 마침 시간 여유도 있어서 열심히 끄적였는데 이렇게 사용하게 될 줄이야.

　작년 6월과 10월에 두 번 구로구청 주관으로 1인 출판과 글쓰기에 대해 강의를 했는데 이 강의를 계기로 내가 아는 1인 출판사 관련 정보와 지식을 정리해보자는 의도도 있었다.

　원고량이 많지 않은 데다가 편집을 하니 필요 없다고 판단되는 내용을 자꾸 덜어내게 되어서 144쪽짜리 작고 귀여운(?) 책이 나오게 되었다.

　작은 출판사지만 책을 내는 일 자체는 이제 그리 어렵지 않다. 여기서 말하는 '일'이란 기술적인 부분을 의미한다. 중요한 건 내용이지만.

　오랜만에 내 책을 내니 기분이 묘했다. 많은 사람이 내 책 한 권 내려고 고생을 많이 한다. 투고도 하고 자비 출판을 알아보기도 하며, 잘 진행돼서 출판사와 계약을 하기도 하고, 계약까지 했는데 어떤 사정으로 (주로 출판사 사정) 없던 일이 되기도 하고…. 이런 상황에서 내가 쉽게 책을 낼 수 있다는 생각이 들어서 기분이 조금 이상했다.

그래도 내가 6년째 출판하면서 엄청나게 고생하는데 이런 호사(?)도 못 누리냐는 아주 뻔뻔스러운 생각도 들었다. 사람은 가끔 얼굴에 철판을 깔고 좀 버틸 필요도 있다. 물론 남에게 해를 끼치지 않는 범위 내에서다.

그리해서 내 세 번째 책이 작년 12월에 세상에 나오게 되었다. 친분 있는 평론가 선생님이 직접 출연하시는 라디오에 책 소개도 해주시고, 작가님들도 많은 성원을 보내주셨다. 처음에는 영 잘 안 나가더니 출간 2개월이 지난 시점에 더 잘 팔렸다. 아는 출판사 대표님께 물어보았다.

"책이 나와서 홍보가 되고 좋은 책이라는 입소문이 퍼지려면 어느 정도 시간이 걸릴까요?"
"한 3개월?"

나도 어렴풋이 이런 생각은 하고 있었다. 물론 처음 나왔을 때부터 계속 잘 팔리는 책도 있다. 그러면 더할 나위 없이 좋다. 하지만 어떤 책은 이 책이 좋은 책이라고 알려지는 데 시간이 조금 걸리기도 한다.

내 책이 좋은 책이라는 의미가 아니라 조금이라도 입소문을 타려면 분명 일정 시간이 걸린다는 이야기를 하고 싶었다. 책이 출간된 직후에 반응이 없어도 실망하기에는 이르다. 그리고 이렇게 되려면 당연히 조건이 필요하다. 꾸준히 홍보해야 한다.

p.s 요즘은 또 『1인 출판사 수업』이 잘 안 팔리네… 왜일까…
(맨날 이런 생각을 하고 지냅니다)

내 출판사에서 내가 쓴 책만 낸다면?

연예인들이 연예기획사에 소속되어 있다가 독립하는 경우가 있다. 잘 나가는 저자는 직접 출판사를 차리기도 한다. 자기 회사에서 자신의 콘텐츠를 만들어서 판다면 수익률도 높일 수 있고 어찌 보면 훨씬 효율적인 운용도 가능하다.

많은 작가나 작가 지망생들은 좋은 출판사, 나와 마음이 맞고 인세도 잘 지급해 주며 나를 잘 키워줄 수 있는 출판사를 찾지만, 쉽지 않은 일이다. 그래서 모두 생각한다. 차라리 내가 1인 출판사라도 차려서 내 책을 내고 말지!

나쁘지 않은 생각이다. 단, 조건이 하나 있다. 끊임없이 콘텐츠를 만들어 낼 수 있어야 한다. 출판사를 굴러가게 하려면 계속 책을 내야 하는데 원고가 없으면 책을 만들 수가 없다. 하긴, 내가 쓴 책이 초대박이 나면 모든 고민은 해결된다. 잘 나가는 책이 한 권만 있어도 그 책 파느라 다른 책 만들 시간이 부족할 수도 있다. 하지만 이건 정말 쉽지 않은 일이다.

1인 출판사를 해보니 해야 할 일이 많아서 어떤 때는 책 읽을 시간도 없다. 책을 좋아해서 출판을 시작했는데 책 읽을 시간도 없다니…. 사실 책을 계속 읽고 새로운 경험을 해야 책 쓸 거리도 생기고 새로운 기획 아이디어도 떠오르는데 1인 출판사를 하면서는 이런 여유가 생각보다 없다.

물론 다 외주를 주면 불가능하지도 않다. 편집, 디자인을 다 맡기면 시간이 좀 생길 수도 있다. 하지만 결국 출판사 사장이 다 조율하고 결정을 계속해야 하기에 외부에 맡긴다고 펑펑 놀 수는 없다. 이런 환경에서 출판사를 운영하면서 집필하거나 집필에 필요한 여러 활동을 충분히 할 수 있을까?

나는 첫 책 『일본어로 당신의 꿈에 날개를 달아라』를 내고 바로 깨달았다. 더 이상 책을 낼 만한 콘텐츠가 내게 없구나!

그래서 작가님들의 원고로 출판사를 시작하게 되었다. 그리고 조금씩 출판 경험과 글쓰기 경험을 쌓아서 2018년에 한 권, 2019년에도 한 권 내 책을 낼 수 있었다. 1년에 한 권 정도가 적당한 것 같다. 내가 쓴 책들은 모두 실제 경험하고 체험한 내용을 바탕으로 쓴 실용서다.

사실 작가로서의 욕심도 있어서 매년 한 권 이상은 내고 싶은데 다른 책 출간이 우선이라 지켜질지는 모르겠다.

작가는 최고의 직업

집필! 아, 이 얼마나 아름다운 단어입니까. 하루에 8시간을 집필에만 몰두하는 것보다 작가에게 더 축복된 생활은 없을 겁니다.

- 김탁환, 『천년 습작』

작가, 저자를 꿈꾸며 열심히 노력하던 시간이 있었다. 새벽 3시에 일어나서 글쓰기를 하고, 돈을 들여 1년 과정의 글쓰기 수업도 들었다. 필사도 하고 각종 공모전에 도전도 했다. 책 읽고 글쓰기가 너무 좋아서 회사도 그만두고 글쓰기 연습을 하다가 드디어 내 책을 내기도 했다. 그리고는 깨달았다.

"더 이상 쓸 거리가 없어!"

그래도 글쓰기와 관계되는 일을 하고 싶은데… 하던 차에 출판의 길로 들어서게 되었다.

작가는 최고의 직업이라고 생각한다. 출판사를 하면서 많은 작가님과 같이 작업했다. 같은 작가님과 여러 번 작업도 했다. 작가님 덕분에 출판사도 컸는데 작가님들은 책을 낼 수 있게 도와줘서 고맙다고 말씀하신다. 제가 항상 더 감사합니다.

작가 지망생 시절, 세상은 정말 아름다웠다.

서점에 가면 관심 가는 책들을 보며 행복해했다. 나도 언젠가는 이런 책을 쓸 수 있겠지?

지금은 6년 차 1인 출판사 대표가 되어 의무적으로 서점으로 향한다. 신간이 잘 진열되어 있는지 봐야 한다.

'아, 이 책은 나온 지 얼마 되지도 않았고 매대에 얼마나 있었다고 서가로 보내나, 너무하네. 책이 왜 구석에 있어, 잘 보이는 데 있으면 더 좋은데.

음, 요즘은 이런 책이 잘 나가는구나, 우리도 다음에 이런 표지로 한 번 진행해 볼까?

아니, 이 책은 이런 물성에 이 가격을…. 아, 이 출판사는 책 정말 잘 만든다. 우리도 책 잘 만들어서….'

등등 많은 생각을 하는데 결정적으로 책이 돈으로 보인다. 작가 지망생 때와 너무 다르잖아.

그래도 지금 하는 일이 글쓰기와 직결된 일이라 행복하다. 그리고 작가님들과 함께 기획 회의를 하고 아이디어를 모아 책을 만드는 작업도 재미있고 신난다. 이 정도로도 충분하다.

글을 잘 쓰려면 무의식에 집중해야 한다

편집자다 보니 글 보는 눈은 좀 있어야 한다. 아직도 실력은 미천하지만, 열심히 책도 읽고 글도 쓰려고 노력한다. 글쓰기와 아주 가까운 삶이다 보니 글 잘 쓰기에도 관심이 많다.

"글을 잘 쓸 수 있는 비결은 무엇일까요?"

가끔 듣는 이 질문에 대한 답으로 '무의식의 힘'에 주목하라고 말하고 싶다.

일반적으로 회사에는 일 잘하는 사람과 일 못 하는 사람이 있다. '기술론', '방법론' 같은 것이 존재해서 어떤 지식을 외우고 실천하기만 하면 일 못 하는 사람이 존재할 수 없을 것 같지만 현실은 전혀 그렇지 않다. 아무리 큰돈을 써서 직원 교육을 하고 방법론을 만들고 기술론이 존재해도 좋은 '출력'을 하는 사람은 따로 있다. 글쓰기도 마찬가지다. 글쓰기 책을 아무리 읽어도 하루아침에 글쓰기 실력이 나아지지는 않는다.

일본 지의 거장 다치바나 다카시도 '만인을 위한 방법론의 확립이라는 것은 의미 없는 일이다'라고 말한다. 다치바나 다카시의 『지식의 단련법』과 도러시아 브랜디의 『작가 수업』에서는 좋은 문장을 쓰는 능력은 바로 무의식의 힘이라고 말한다.

『지식의 단련법』에 나오는 내용에 의하면 인간은 여전히 무의식의 세계라는 것에 대해 잘 모르고 있는데, 현재 지적 생산에 관하여 쓰이는 책은 오로지 입력과 출력의 기술에 대해서만 논하고 '사이'에 관해서 쓰인 책은 없다는 것이다.

이 내적 프로세스는 너무나 개성적이기에 일반론이 존재할 수 없다고 한다. 그리고 다음과 같은 말도 나온다.

인간의 지적 능력 증진의 요체는 무의식의 능력을 함양하는 데 있는 것이지, 어떤 의식적인 잔재주를 익히는 데 있는 것이 아니다.

갑자기 요즘 화자 되는 '스펙'이라는 단어가 떠오른다. 과연 스펙이 훌륭한 사람이 일을 잘할까? 그렇기도 하고 그렇지 않기도 하다. 스펙을 쌓아서 내부적, 그러니까 우리 두뇌라고 하는 블랙박스에서 화학작용이 일어나 발효가 잘되면 당연히 좋은 출력이 나온다.

좋은 출력은 일을 잘하는 데 도움이 된다. 하지만 스펙만으로 발효가 잘 이루어진다는 보장은 없다. 블랙박스에는 최소한 수천 개의 변수가 존재해서 출력의 질을 좌우하기 때문이다. 그렇다면 출력을 좋게 하는 방법은 도대체 무엇일까?

작가가 되고 싶은 사람들에게는 글 잘 쓰는 실력이 출력에 해당할 것이다. 책도 많이 읽고 필사도 하고 글쓰기 강좌도 듣는데 글솜씨는 항상 제자리라면 뭐가 문제인 걸까? 『작가 수업』에서는 이 부분에 대해

"방법이 딱히 없다"

라고 말한다. 이럴 수가! 뭘 어쩌라는 거야! 다치바나 다카시는 무의식 능력을 고양할 방법으로

가능한 한 양질의 입력을 가능한 한 다량으로 해주어야 한다. 그 이외의 수단은 아무것도 없다. 좋은 문장을 쓰고 싶으면 가능한 한 좋은 문장을 가능한 한 많이 읽어야 한다. 그 이외에 왕도는 없다.

라고 말한다. 여기서 말하는 양질의 정보는 결코 단순 암기 지식을 의미하는 것이 아니다. 많이 보고 느끼고 읽고 체험하는 것만이 도움이 된다. 간단하면서도 가장 좋은 방법이 바로 독서다. 책을 읽지도 않으면서 좋은 문장을 쓰기를 바라는 건 말도 안 되는 이야기다.

그리고 더 중요한 한 가지.

좋은 문장을 즐기면서 읽는 게 최고다. 『논어』에 '아는 자는 좋아하는 자만 못하다. 좋아하는 자는 즐기는 자만

못하다'라고 했다. 바로 이 즐기는 심경이야말로 무의식
층에 가장 가까운 상태다.

- 다치바나 다카시, 『지식의 단련법』

글을 잘 쓰고 싶다면 좋은 글을 많이 읽어야 하며 그 행
위 자체가 '미치도록 즐거워야' 한다. 책 읽기와 글쓰기가
미치도록 즐거운 사람은 언젠가는 좋은 글을 쓸 수 있다.

이인식의 『융합하면 미래가 보인다』에도 무의식에 관한
내용이 나오는데, 인간의 인지는 대부분 무의식적이라는
학자들의 이론을 소개한다. 의식적 사고는 거대한 빙산의
일각에 불과하고 무려 사고의 95%가 무의식적 사고라고
한다.

무의식의 힘이 중요하다는 사실은 알고 있었지만, 구체
적인 수치를 보니 더 놀랍다. 이는 단순 지식을 외우는 교
육의 문제점을 알려주는 것이기도 하다. 무의식의 힘을 기
르는 교육이 되어야 한다.

그 방법의 하나는 계속 강조하지만 분명 독서일 것이
다. 많은 부모가 아이들을 다 키워보고 나서야 경험적 지

식에 의해 독서가 아이에게 최고의 교육이었다는 사실을 깨닫는다. 내 주변 지인들의 말도 이와 다르지 않다.

의식은 1초에 40개의 정보밖에 처리하지 못하지만, 무의식은 1초에 1,100만 개의 정보를 처리할 수 있다고 한다. 글쓰기를 잘하기 위해 우리의 무의식에 집중해보자. 나도 책 읽기를 더 열심히 해야겠다는 생각이 든다.

그런데 오늘도 책 만드느라 독서를 못 했네….

잘 팔리는 책 기획하기,
책의 차별적 우위를 확보하자!

"새로운 기획은 어떻게 하시나요?"

역시 인풋을 많이 하는 방법밖에 없다. 신문보기, 책 읽기, 인터넷 서점 둘러보기, 오프라인 서점 방문하기 등을 한다. 그리고 작가님들과 기획 회의를 한다. 모여서 함께 이야기를 나누다 보면 아이디어가 많이 떠오른다.

투고 원고가 많이 들어오지만, 이거다 싶은 경우는 드물다. 출간 기획서에 자신의 작품을 잘 어필해야 하는데 초보 작가가 콘셉트라는 개념을 가지고 자신의 작품을 잘 설명하기가 쉽지 않기 때문일 것이다.

사실 새로운 기획을 하기가 그리 쉬운 일은 아니어서 가끔은 좋은 투고 원고를 하나 잡아야겠다든지 외서(외국 도서를 번역해서 출간한 책)를 내야겠어! 라는 생각도 들지만, 이 두 가지도 쉽지 않기는 마찬가지다. 특히 투고 원고는 출판사의 출간 방향과 맞아야 하고 콘셉트가 확실해야 하는데 그런 원고가 들어올 확률은 낮은 편이다.

저자와 잘 협의해서 투고한 원고를 그대로 쓰지 않고 새로운 콘셉트로 다시 원고를 고치는 방법도 있다. 아니면 한 분야의 전문가인 저자라면 투고 원고가 아니더라도 출판사가 기획하는 다른 원고의 집필을 제안하는 방법도 가능할 것이다. 이러나저러나 출판사 대표에게 기획 능력은 필요하다.

독자가 한 권의 책을 구매하는 이유는, 이 책은 다른 책과 다르며 독자에게 꼭 필요한 갖고 싶은 책이기 때문이다. 이를 출판의 입장에서 말하자면 한 권의 책이 차별적 우위(USP, Unique Selling Proposition)를 확보해야 한다는 말이다.

- 한국출판마케팅연구소, 『함께 쓰는 출판 마케팅』

한 권의 책이 가지는 차별적 우위는 결국 책의 콘셉트를 의미한다. 보통 책의 헤드 카피에 콘셉트가 녹아 있다. 출판 기획을 잘하려면 이 콘셉트라는 용어를 확실히 이해해야 한다.

콘셉트는 독자를 설득하는, 즉 구매하고 책을 읽게 만드는 설득력에 대한 것이다. 분류에 대한 판단이 좋더라도 설득할 만한 콘셉트가 없다면 아무리 좋은 기획과 글도 독자에게 다가가지 못한다. … 콘셉트는 저자가 책에 담고 싶어 하는 사상, 감정, 지식 따위의 요소를 독자가 이해하고 받아들이기 쉽도록 창의적으로 잡아낸 집필 방식이다. 요약하자면 집필 방향과 방식을 창의적으로 개념화시킨 것이 콘셉트다.

- 이동준, 『전자책 시대, 저자는 어떻게 탄생하는가?』

콘셉트는 150자로 요약 가능해야 한다. 투고 원고에서 확실한 콘셉트가 보이면 채택될 확률이 높아진다. 저자도 출판사를 고를 때 출판사 규모도 무시할 수 없겠지만 회사가 작더라도 기획력 있는 출판사를 골라야 한다.

앞서도 언급했지만, 기획력 있는 출판사라면 투고한 원고가 아주 마음에 들지 않아도 저자가 한 분야의 독보적 존재거나 전문가면 새로운 콘셉트의 기획을 제시할 수도 있다.

출간 기획서를 쓸 때 작가가 자신의 원고에 대한 확신이 있어야 하고 차별성이 있어야 하며 매력적인 주제여야 한다. 그리고 출판사들은 주로 트렌드, 시기성을 본다. 아무리 좋은 내용도 트렌드에 안 맞으면 출간이 어렵다.

인터넷 서점에 있는 책 소개를 읽어보는 것도 좋은 기획을 하는 데 도움이 된다. 책의 콘셉트를 어떻게 잡았는지, 책의 어떤 내용을 홍보에 잘 활용하는지 등을 알 수 있다.

기획을 잘하게 되기는 어렵지만, 기획력은 출판 관계자는 물론이고 작가나 저자가 되려 해도 반드시 길러야 하는 중요한 능력이다.

눈길 가는 투고 원고는 이런 내용이었다!

투고가 많이 들어온다. 글쓰기, 내 책 내기에 대한 많은 사람의 열망이 느껴진다. 그동안 있었던 투고에 얽힌 이야기를 좀 해보겠다.

기본적으로 투고는 받지 않는다. 세나북스가 잘나서가 아니라 능력이 부족해서이다. 책을 내려면 세나북스와 지향하는 가치가 비슷하고 출간 방향이 맞아야 하는데 그렇지 않은 원고가 대부분이다.

1인 출판사라고 반드시 색깔을 가지고 특정 분야의 책만 출간해야 한다는 법은 없다. 솔직히 말하면 나도 다양한 분야의 책을 내고 싶다. 어린이 그림책도 내고 싶고 인문서도 내고 싶고 예술서도 내보고 싶다. 아마 많은 출판사 대표들이 이런 생각을 할 것이다.

하지만 내가 능력이 부족하다. 그래서 일단 좋아하고 조금은 아는 일본이나 일본어 관련 분야의 책을 내고 있을 뿐이다. 사정이 이렇다 보니 좋은 원고가 들어와도 군침만 삼키고 마는 일도 많다.

얼마 전에도 인플루언서 한 분이 투고하셨는데 솔직히 이분이 투고하신 저의(?)가 의심된다. 엄청나게 잘 꾸며진 투고 원고에 관한 내용과 저자 이력 정리 파일을 보면서 이런 생각까지 들었다. "혹시 본인을 알리려고 여러 출판사에 이런 투고 형식의 개인 홍보물을 보낸 건 아닐까?"

그러니까 진짜 투고 목적보다는 자신을 알리기 위해 투고라는 형식을 빌렸다는 생각이 들었다. 그리고 만약 그런 의도라면 성공한 듯하다. 나는 이분의 인스타그램을 팔로우하며 매일 뭘 하는지 들여다보고 있으니까. (누군지 밝힐 수도 없지만, 만약 이런 의도가 아니었다면 죄송합니다!)

1년 전쯤의 일이다. 원고 투고가 왔는데 특이한 소재와 콘셉트였다. 여성 항해사의 에세이였다. 항해하면서 바다 한가운데서 고래를 본 이야기가 메인으로 소개되어 있었다. 항해하다가 본 움직이는 바위가 바로 고래였던 것이다. 오, 고래를 바다에서 봤다고! 여성 항해사라니! 벌써 관심이 가지 않는가? 주변 사람들에게 이야기했더니 다들 와, 흥미롭다! 이런다.

그런데 당시 너무 바빠서 바로 답장을 보내지 못하고 잊어버렸다. 2개월인가 뒤에 겨우 정신 차리고 혹시나 하는 마음에 메일을 보냈더니 벌써 모 출판사와 계약을 했다고 한다. 안타까웠지만 더 좋은 파트너를 찾으신 것 같아 기쁘기도 했다. 처음부터 내가 감당할 책이 아니었다고 인정해야 했다. 그리고 그 책은 세상에 잘 나와 있다. 다른 출판사 로고를 달고.

재미있는 건, 콘셉트를 투고 당시와는 조금 다르게 잡았는데 아마 출판사나 편집자가 제안한 콘셉트인 듯하다. 만약 내가 그 책을 편집했다면 또 다른 콘셉트로 책을 냈을 것 같다.

일본 관련 콘텐츠 외에 내가 관심 있어 하는 분야는 책 읽기, 글쓰기 분야다. 작년에 글쓰기에 대한 원고 투고가 있었는데 마음에 들어서 출간을 진행했다.

책 제목은 『글쓰기를 처음 시작했습니다』이다. 기존에 다루던 분야가 아니어서 새로운 도전이라고 생각한다.

이렇듯 투고가 성공하려면 내 원고와 그 출판사가 기존에 냈던 책들이 관련이 있어야 유리하다. 가끔 시집이나 영어교재가 투고로 들어오는데, 당연히 검토조차 할 수가 없는 처지다.

어떤 원고는 분명 내 관심 분야지만 저자가 잡은 콘셉트와 내 생각이 달라서 진행을 못 하기도 했다. 투고한 저자는 그 책을 '개인의 경험'이라는 관점으로 내자고 했지만 나는 '유명인이 아니고는 개인의 소소한 경험을 쓴 글을 읽어 줄 독자는 별로 없다'라고 생각해서 다른 콘셉트로 가기를 원했다. 결국 저자가 좀 더 자신의 원고에 대해 생각해보고 싶다고 해서 더는 진행되지 못했다.

얼마 전에는 내가 쓴 『책과 여행으로 만난 일본 문화 이야기』를 읽고 공감이 갔다며 어떤 분이 일본 문화 관련 에세이를 쓰고 싶다고 연락을 주셨다. 문자를 먼저 주고받고 그다음에 투고 원고를 보내주셨다. 사실 이런 적극성은 아주 바람직하다고 생각한다.

왜냐하면 보통 투고 원고를 보면 저자가 그 메일을 수십, 수백 곳에 똑같은 내용으로 뿌린 듯한 인상을 받기도 하는데, 그러면 아무래도 원고를 보고 싶은 생각도 잘 안 든다.

하지만 문자를 보낸 분은 콕 찍어서 세나북스에 연락을 줬으니 당연히 더 관심이 갔다. 결국 만나게 되었고 같이 책을 만들어보기로 했다.

모 출판사 대표는 "자신의 원고를 알리고 본인을 알리려면 출판사에 원고를 들고 직접 찾아가는 정성과 적극성을 보여야 한다."라고 말하기도 했는데 이번 일을 겪어보니 그 말에 공감이 간다.

사실 투고원고는 편집자들에게 골칫거리다. 1%의 가능성만으로 그 많은 원고를 읽기는 그야말로 가성비가 나오지 않는 일이기 때문이다. (그런 의미에서 맨 앞장에 요약본을 실어주는 매너는 꼭 필요하다).

그러나 독자투고는 저자들을 찾아낼 수 있는 좋은 루트다. 설사 그 원고의 콘셉트가 아니라 하더라고 글쓰기가 남다르다면 다른 원고를 청탁할 수도 있다.

- 〈기획회의〉 423호, '나는 늘 저자를 만나러 가는 중이다'
배수원 반니출판사 편집부장

　많은 분이 출판사를 한다고 하면 저자를 어떻게 섭외하
느냐고 물어본다. 유명 저자를 직접 섭외하는 방법도 있
겠지만 그분들이 아니더라도 좋은 원고를 쓸 수 있는 예비
신진 저자들이 많다고 생각한다. 앞으로도 많은 새로운 저
자님들을 만나고 싶다.

3장

1인 출판사 일상

아침 주문이 하루의 기분을 좌우한다

　1인 출판사를 하는 대표님이 쓴『작은 출판사 차리는 법』을 읽었다. "출간 종수만큼만 주문이 들어오면 무조건 만족하라는 조언을 들었다."라는 대목이 나온다. 무릎을 '탁' 치며 정말 이 말에 공감 100%라는 생각이 들었다.

　24권의 책을 냈고 이 중 5종은 아직도 다른 곳에 관리를 맡기고 있으니 정확하게는 19권을 직접 관리하고 있다.『1인 출판사 수업』에서도 언급했지만 처음 출판을 시작할 때 너무 아는 지식이 없어서 자비출판 전문 업체에 편집부터 유통까지 다 맡겼었다. 물론 편집은 적극적으로 관여해서 콘텐츠의 질을 높이려고 노력했다.

　직접 유통하며 관리하는 책은 19권이니 하루에 주문이

19권 이상만 들어오면 행복해야 한다. 아니 행복하다. 작년에 갑자기 매출이 많이 떨어져서 5권도 주문이 안 들어온 날도 있었기에, 그때를 생각하면 지금은 행복할 수밖에 없다.

주문이 많으면 하늘을 날아갈 듯 기분이 좋고 주문이 너무 없으면 세상이 회색빛으로 변한다. 주문이 많지 않은 날은 "내가 언제까지 이렇게 하루살이처럼 살아야 하나!"라는 회의감도 든다. 하루 주문에 일희일비하는 나 자신이 가끔은 초라하게 느껴지기도 하지만, 이게 나의 현실이고 1인 출판사로 살아가는 방법이니 마음을 다잡고 버티는 수밖에 없다.

오전 10시 반 전에는 외출도 되도록 미룬다. 왜냐하면 모든 주문이 다 들어오는 시간이 10시 30분이기 때문이다.

아주 가끔 11시 이후에 주문이 들어오기도 하는데 흔한 일을 아니다. 꼭 외출해야 하는 일이 생기면 노트북을 들고 출동한다. 그래도 즐겁다. '주문 = 돈 버는 일'이기 때문이다.

그래도 하루종일 손님 오기를 기다리며 가게를 지키는

분들보다는 편하다는 생각도 한다. 실제로 주문을 하는 시간은 채 10분도 걸리지 않기 때문이다. 서점마다 주문이 들어오는 시간이 제각각이긴 하지만 몰아서 입력하면 된다.

얼마 전에 어떤 분이 책공장(네이버 카페 '1인 출판 미디어 꿈꾸는 책공장')에 1인 출판사를 하면 외국에서도 일을 할 수 있냐는 질문을 올리셨다. 당연하죠! 1인 출판사의 매력이 바로 거기에 있는데 말입니다. 디지털 노마드! 여행을 가도 일을 할 수 있고 외국에 나가도 일을 할 수 있다.

내가 이 일을 가장 좋아하고 계속하고 싶은 이유 중 하나가 바로 때와 장소를 가리지 않고, 시간에 구애받지 않고 일을 할 수 있기 때문이다. 언젠가는 외국에 몇 개월 체류하면서 원고도 쓰고 1인 출판사 업무도 보는 날이 올 것이라 상상의 나래를 펴곤 한다. 생각만 해도 기분이 좋아진다!

가끔 50권 매절 주문도 들어오는데 이런 날은 거의 잔칫날이다. 밥상 반찬이 달라진다. 교보나 알라딘에서 주로 이런 주문이 들어온다. 서점에서 책이 잘 나가면 미리 재고를 확보하기 위해 한 번에 많이 주문하는 것이다.

더군다나 교보는 이런 매절 계약 건에 대해 정기 지급일이 아닌 별도의 지급일에 통장으로 돈을 척 넣어준다. 대략 주문하고 15일 전후인 듯하다. 정말 감사한 일이다.

하루의 기분을 좌우하는 아침 주문! 오늘은 몇 권이나 주문이 들어오려나….

p.s 알라딘에서 50권 주문 들어왔다! 앗싸!

신간 초도 메일 보내기, 신간은 나의 힘!

만들어진 책이 창고로 들어오는 날은 바로 초도를 내보내는 날이기도 하다.

초도란 책이 출간되면 처음 서점에 내보내는 책을 의미한다. 오프라인 서점뿐만 아니라 온라인 서점에도 초도를 낼 수도 있다. MD를 만나서 협의를 하면 되는데 나는 이 과정은 보통 생략한다.

온라인 서점의 장점은 오프라인과 다르게 매대 진열이 없으니 주문이 들어온 만큼만 책을 가져간다. 그러다 보니 반품도 거의 없고 매달 정산 금액도 책이 출고된 부수와 일치한다. 어차피 잘 나가는 책은 온라인 서점에서도 원활한 수급을 위해 50권 이상 대량 주문을 하게 되어 있다. 그래서 굳이 온라인 서점 초도는 내보내지는 않는다.

책이 인쇄소, 제본소를 거쳐 다 만들어져서 물류창고(배본사)로 들어오는 날에 초도를 내리면 창고에 들어오기 전날에 각 서점이나 도매상과 몇 권을 내보낼지 등 초도 부수에 대한 협의가 끝나 있으면 좋다. 더 구체적으로 알아보면, 얼마 전까지도 신간이 나오면 아래와 같은 순서로 업무를 진행했다.

1. 책 들어오는 날 인쇄소에서 물류창고로 책이 시간에 맞게 들어가는지 인쇄소에 확인

2. 물류창고로 직접 가서 책이 잘 들어왔는지, 책 상태는 좋은지 확인

3. 책을 100권 정도 물류창고에서 가지고 와서 교보문고 본사, 북센(도매상)을 방문해서 초도를 몇 권 낼지 미팅

4. 집에 와서 영풍문고, 반디앤루니스(서울문고) 담당자에게 초도를 몇 권 낼지 문의하는 메일을 보냄

5. 다음 날 초도 주문을 냄

이건 예전에 내가 하던 프로세스인데 변수는 상당히 많고 출판사마다 하는 방식이 다 다르다. 사실 이런 일만 봐도 같은 작업을 출판사마다 다르게 해서 출판이 어렵다는 이야기도 나오는 듯하다. 하나하나 좀 살펴보면,

2. 물류창고로 직접 가서 책이 잘 들어왔는지, 책 상태는 좋은지 확인

사실 이날 확인할 것이 아니라 그 전에 확인해야 한다. 가끔 만들어진 책에 문제가 있을 수도 있기 때문이다. 예전에도 창고에 입고된 책을 보러 갔는데 일부 책의 상태에 문제가 있어서 전수 조사를 했다.

일단 상태 좋은 책 몇 권만 빼서(구매 담당자에게 책을 제공해야 하기 때문이다) 교보문고 등을 방문, 초도 협의를 하고 인쇄소 사장님이 전수 조사가 끝났다고 하는 시점에 초도도 내보내고 들어온 주문에 대해 출고도 했다.

사실 이런 경우는 신경 쓰느라 머리가 지끈지끈 아프다. 주문 온 책이 바로 서점 등에 입고가 안 되면 일이 좀 복잡

해진다. 제때 안 들어가면 서점에서도 팩스와 전화가 온다. 책 출고가 실제로 되었냐는 확인 전화다. 나중에 장부 맞추기도 조금 복잡해질 수 있다.

그래서 책이 창고에 들어가기 전에 제본된 책을 직접 전수조사하겠다고 했더니 인쇄소에서는 극구 말리는 분위기였다. 인쇄소 사장님이 "내가 알아서 잘하겠다"라고 하셔서 결국 그냥 맡기기는 했는데 사실 항상 창고로 책을 보러 가는 마음은 무겁다.

3. 책을 100권 정도 물류창고에서 가지고 와서 교보문고 본사, 북센(도매상)을 방문해서 초도를 몇 권 낼지 미팅

교보문고의 경우 구매 담당자를 만나서 초도 협의를 하는데, 미리 약속을 안 잡고 그냥 간다. 예전에 몇 번 미리 말하고 갔는데 굳이 그렇게 하지 않아도 될 것 같아서 그냥 간다.

책은 보통 두 권 가져다주는데 한 권은 구매 담당자가 볼 책이고 또 한 권은 인터넷 서점의 미리 보기 화면 만들기

용이다. 미리 보기는 파일로 제공해도 된다.

한 번은 마침 분야 담당자가 부재중이라 다른 분야 담당
자가 대신 초도를 받아줬는데, 도리어 원래 담당자보다 더
많이 책을 받아줘서 감사했다.

구매 담당자를 만나고 나서 다른 출판사 사람들은 분야
별 MD도 만나고 가는데 이건 사전에 미팅 약속이 되어 있
어야 한다. 나는 이거 패스하고 그냥 안 만난다.

만나면 주문을 조금 더 주기는 하겠지만 책이 잘 나가기
만 한다면 굳이 초도를 많이 안 받아도 된다고 생각한다.
그래서 욕심 안 내고 구매 담당자가 내준 초도만큼만 내보
낸다. 지나치게 많이 밀어내도 나중에 반품으로 많이 들어
올 수 있다.

북센은 항상 뵙는 담당자분이 고정이라 너무 편하다. 교
보문고만 해도 분야별로 담당자가 다르니 정보를 미리 찾
아보고 만나러 가야 한다.

4. 집에 와서 영풍문고, 반디앤루니스(서울문고) 담당자에게
   초도를 몇 권 낼지 문의하는 메일을 보냄

원래는 영풍문고와 반디앤루니스도 구매담당자를 만나러 직접 본사를 방문해야 한다. 처음에는 직접 갔는데 한번은 영풍문고 담당자 한 분이 신간 협의가 메일로도 가능하다고 해서서 그 이후로는 영풍문고, 반디앤루니스 두 곳은 메일로 신간 초도를 받고 있다. 메일로 하니 너무 편하고 좋다.

물론 직접 만나야 한 권이라도 더 초도를 받을 수 있겠지만, 아까 교보 문고 MD를 안 만나는 것과 같은 이유로 "책이 잘 나가면 독자가 찾아주겠지"라는 허세를 부려본다. 허세를 가장한 게으름일지도.

원래 위와 같이 신간 협의를 하거나 초도를 내보내는 업무를 진행했는데 요즘은 조금 바뀌었다.

1. 물류창고에 책 들어오는 날 인쇄소에 입고 여부를 다시 확인하고 책이 잘 나왔는지 물류창고를 방문해서 확인

2. 책을 100권 정도 물류창고에서 가지고 나온다. (각종 이벤트용으로 사용하는 책이다) 집으로 와서 교보문고, 북센, 영풍, 반디앤루니스 담당자에게 초도를 몇 권 낼지 문의하는 메

일이나 문자를 보냄

(책에 문제가 없는지 미리 눈으로 다 확인하고 그다음에 초도 문의 메일을 보낸 점이 달라진 포인트 중 하나!)

3. 다음 날 초도 주문을 낸다

최근에는 코로나 19 사태 때문에 모든 거래처가 직접 방문을 자제해 달라고 요청해서 메일로 업무를 처리하게 되었다. 솔직히 업무가 간소화되어서 편하고 좋다.

가장 최근에 나온 책도 위와 같은 순서로 진행했는데 담당자분들이 메일을 보내자마자 전화도 주시고 답장을 바로들 해주셔서 일사천리로 몇 시간 만에 초도 주문을 다 받았다. 가끔 메일 답장이 늦어지는 경우도 있는데 담당자가 바빠서 그러니 하루 정도 더 기다리고, 그래도 답장이 없으면 전화를 하거나 메일을 다시 보내면 된다.

경력도 없이 출판을 시작해서 6년째 망하지(?) 않고 겨우 버티고 있지만 정말 요즘은 1인 출판사가 얼마나 어려운지 더 절감하고 있다. 솔직히 처음 시작했을 때는 이 길이 얼마나 험난할지 상상도 못 했던 것 같다. 그래, 무서운 걸 모르니 시작했지….

처음 출판을 시작했을 때는 신간 배본이 뭔지, 초도가 뭔지도 몰랐다. 처음에는 주문 접수에 배본까지 다 대행하는 업체를 이용했는데 당연히 신간 배본, 초도 넣기도 그 업체에서 알아서 다했다.

책이 나오면 업체에서 교보문고와 도매상에게 신간을 내보냈는데 그때는 초도 받기가 중요한 일이라는 사실조차도 몰랐던 것 같다. 도대체 뭘 알고 출판을 시작한 것인지! 요즘은 예전의 내 무지함을 한탄하는 순간을 자주 경험한다.

지금은 당연히 모든 업무를 처음부터 끝까지 직접 다 한다. 앞서도 언급했지만, 초도를 많이 내면 좋을 것 같지만 이게 또 꼭 그렇지만은 않다. 주문을 많이 받아서 오프라인 서점에도 깔고 도매상에 보내 전국 서점에 진열해도 책이 안 나가면 다 반품된다.

반품 오는 도서는 출고 때와 마찬가지로 멀쩡히 돌아오지도 않는다. 도매상의 경우는 여러 서점으로 나가다 보니 자기들이 보낸 책이라는 표시로 책에 도장을 찍어서 내보낸다. 이런 책들이 반품으로 들어오면 출판사는 팔지도 못한다. 도장을 지우거나 모서리를 커팅해서 책을 다시 깨끗하게 만드는 방법도 있지만, 비용도 들고 손이 많이 간다.

그나마 우리와 직거래하는 일부 대형 서점들은 도장을 찍지 않아서 다행이라고 생각한다. 물론 원래 나갈 때부터 파본인 책들도 있어서 이런 경우는 당연히 반품받아서 출판사가 알아서 처분해야 한다. 사실 책이 물류 창고에 들어가기 전에 이런 파본이 있다면 미리 다 걸러내야 한다. 유통 중에 책이 상하는 경우도 많이 있겠지만 결국 출판사가 이런 책도 다 반품을 받을 수밖에 없다.

초도 주문을 다 받고 나면 일이 어느 정도 일단락되었다는 안도감이 잠시 들지만 아직 끝이 아니다! 이제 서평단에게 책을 보내는 일이 남아 있고 홍보도 계속해야 한다.

1인 출판사 사장의 하루는 생각보다 길다. 이런 날들이 1년 365일 끊임없이 돌아간다.

판매 부수를 매일, 하루에 몇 번이나 확인하는 나는 정상인걸까?

2019년 6월과 10월에는 구로구 동네 배움터에서 〈소확행 시대의 낭만, 나도 작가(1인 출판)〉이라는 강의를 진행했다. 글쓰기에 관심이 있거나 1인 출판에 관심 있는 분들과 직접 만날 좋은 기회였다.

두 수업이 각각 한 회 2시간 강의에 8회차, 4회차여서 그리 길지는 않았다. 비록 수업 시간은 짧지만 강의를 잘 듣고 열심히 공부하시면 6개월짜리 강의 못지않을 거라고 강의 전에 큰소리를 쳤지만, 강의를 들은 수강생분들께 얼마나 도움이 되었는지 궁금했다.

그런데 올해 초에 다시 구로구청에서 연락이 와서 4월에 구로평생학습관에서 하는 〈1인 출판사 창업〉 강의를 맡아줄 수 있냐고 하서서 조금 안심했다. 담당자분 말씀이 작년에 했던 강의 반응이 좋아서 다시 연락을 주셨단다. 나름 많이 준비했었고 사실 강의 시간도 즐거웠다. 수강생 분들도 어찌나 열심히 들으시는지 감탄할 정도였다.

이번 강의는 작년과 다르게 1인 출판사만 다루는 강의라 내용도 다시 구성하고 있다. 강의는 총 8회차로 내용은 다음과 같이 구성해 보았다.

1회차 1인 출판사 준비 과정 - 1인 출판사를 하기 전에 미리 점검할 내용과 준비 사항에 대해 알아본다

2회차 1인 출판사 창업 과정 - 1인 출판사의 창업 과정을 자세하게 알아보자

3회차 출간 프로세스 - 책을 출간하는 전 과정을 알아보자

4회차 출판 기획 - 출판에서 가장 중요한 요소 중 하나인 출판 기획에 대해 알아보자

5회차 출판 편집과 책 디자인 - 편집과 책 디자인에 대해 자세히 알아보자

6회차 책 제작과 인쇄 - 책을 제작하고 인쇄하는 기본에 대해

알아보자

7회차 책이 나오면 할 일과 판매대금 정산, 세금 신고 - 책이 나오고 나면 출판사가 해야 할 일에 대해 자세히 알아보고 세금에 대해 알아보자

8회차 출판 마케팅 - 1인 출판사가 가능한 출판 마케팅에 대해 자세히 알아보자

이렇게 정했는데 약간 내용 조정은 있을 수 있다.

강의를 통해 프로세스나 방법보다는 리얼한 1인 출판사의 이야기를 많이 전해드리고 싶다. 이 책도 1인 출판사 이렇게 하면 성공한다, 이런 식의 내용이라기보다는 나의 소소한 출판사 경영 이야기에 가깝다.

나는 아주 강박적으로 자주 각 서점 출판사용 홈페이지(보통 SCM이라고 부른다)에 들어가서 판매 내역을 확인한다. 알라딘은 SCM에 적정재고가 표시되는데 현재고보다 적정 재고가 더 높게 나오면 다음 날 주문이 들어온다.

교보문고와 YES24는 매일 판매 내역이 업데이트되어 올라오는데 자주 들어가서 이 내용을 확인하면서 판매를 위

한 여러 가지 생각을 하곤 한다.

"지난주에는 적정 재고가 50권이었는데 이번 주에는 5권
으로 떨어졌어. 홍보를 더 많이 하거나 광고를 해야 할
까?"

"이 책은 이제 출간된 지 오래되어서 잘 안 나가네. 아무
래도 창고에 있는 책들을 처분하거나 집으로 좀 가지고
와야 하나?"

매일 몇 번이고 들여다보며 이런 생각 저런 생각을 하곤
한다. 어떨 때는 내가 왜 이걸 자꾸 보고 있는지 나 자신이
이상하다는 생각도 든다. 그렇다고 이런 활동이 필요 없다
는 의미는 아니다. 아주 중요하다. 특히 신간은 유심히 판
매 동향을 봐야 할 필요가 있다. 이게 왜 중요한지 한 번 설
명해보겠다.

책이 그냥 평범하게 나가다가 갑자기 판매량이 증가할
수가 있다. 이런 경우 매일 판매량을 체크하지 않으면 이

런 변화를 빨리 감지하지 못 할 수도 있다.

주문은 매일 들어오니 가만히 있어도 그런 변화를 알 수 있지 않으냐고 궁금해할 수도 있겠다. 틀린 말은 아니지만 예외가 있다. 어떤 책은 서점이 충분한 재고를 가지고 있어서 당장은 주문이 없기에 언뜻 보면 책이 잘 팔리는지 알 수가 없다.

하지만 내부적인 서점 재고에는 급격한 변화가 일어나고 있을 수 있다. 이런 추이는 주문 정보가 아닌 실제 판매 정보를 보지 않으면 알 수가 없는데 이런 작은 변화도 놓치지 않고 알고 있는 편이 판매에 더 도움이 된다. 한마디로 엄청 부지런히 움직여야 한다. 그냥 가만히 있으면 책이 안 팔린다.

책이 갑자기 잘 나가면 분명 이유가 있는데 그 이유를 알아내야 한다. 영향력 있는 파워블로거가 리뷰를 써줬다든지, 아니면 매체에 소개가 되었을 수도 있고 작가님이 열심히 홍보해서일 수도 있다.

중요한 건 자꾸 이런 판매와 관련된 경험을 쌓아야 책이 어떤 조건에서 팔리고 안 팔리는지를 학습할 수 있다.

가끔 다른 출판사 대표들이 출판에 관해 쓴 에세이를 읽어보는데, 다들 비슷한 고민을 하고 있구나라는 생각이 들고 공감 가는 내용도 많다. 예를 들어 독립출판사 책덕 김민희 대표의 『이것도 출판이라고』를 읽었을 때는 보도 자료 등을 미리 준비해야 한다는 이야기에 굉장히 공감했다.

책 한 권을 내는 과정은 정말 고난의 연속이다. 보통 인쇄본을 넘기고 책이 제작에 들어가면 보도자료와 서지정보를 쓰곤 했는데 그때쯤이면 책 만드느라 넋이 반쯤 나간 상태라 보도자료 쓰기는 정말 괴로운 일이 된다.

보도자료 쓰기는 머리를 많이 굴리지 않으면 안 되는, 판매와 직결된 창의적이고 중요한 작업인데 지친 몸과 마음으로는 정말 쉽지 않다. 그래서 얼마 전부터는 미리 조금씩 슬금슬금 써놓곤 했는데 김민희 대표도 같은 이야기를 하니 크게 공감이 갔다. 아, 다른 출판사 대표도 같은 고민을 하는구나, 나만 이런 걱정을 하는 건 아니었어! 하면서 마음이 조금 놓이기도 한다.

이번 강의에서 이런 소소하지만 실제적인, 인간 냄새나는 이야기를 많이 해드리고 싶다. 출판사 등록이나 출판사

이름 짓기 이런 일은 그냥 혼자 해도 충분히 다 잘 할 수 있기 때문이다.

p.s 코로나 19 때문에 강의가 올해 하반기로 연기되었다

팔릴만한 책을 꾸준히 내면 1인 출판사는 성공

제목을 읽고 너무 당연한 소리를 써놔서 읽는 분들이 어이가 없을 것 같다. 그걸 누가 모르냐고… 그러니까 그 방법이 뭐냐고… 라는 말이 어디선가 들리는 듯하다.

앞서 작년에 일본과의 관계 악화로 책이 갑자기 안 팔리게 되었다는 이야기를 했다. 이 위기를 극복하기 위한 큰 변화가 필요했다.

원래 세나북스가 책을 내는 페이스가 2~3개월에 한 권 정도였다. 전에는 이 정도 간격이면 충분했다. 그런데 갑자기 구간이 안 팔리게 되니 마음이 다급해졌다.

"도저히 이런 속도로는 안 된다. 한 달에 한 권씩 책을 내야겠다!"

이렇게 결심한 것이 작년 10월이었다.

사실 편집, 디자인을 다 외주를 쓰면 한 달에 두 권도 출간할 수 있다. 하지만 나는 돈이 없어서 혼자 다 하는데 한 달에 한 권? 이렇게 자주 책을 내면 제작비가 많이 든다.

일단 제작비는 인쇄소 사장님이 조금 여유 있게 줘도 된다고 해서 저질러 보기로 했다. 다행히 출간될 원고가 줄줄이 대기 중이었다. 역시 사람은 준비성이 있어야 한다.

작년 하반기에『한 달의 교토』와『초보 프리랜서 번역가 일기』를 작가님들이 집필 중이었는데 진행 속도를 보니 2020년 2월, 3월에 한 권씩 출간이 가능해 보였다.

잠시 두 책에 관해 이야기하면,『한 달의 교토』는 원래 2019년에 나와야 하는 책이었는데 일본과의 관계가 문제가 돼서 출간을 연기한 상태였다. 박현아 작가님은 2019년 4월에 교토 한 달 살기를 하고 오셨다. 1년만 늦게 기획했어도 이 세상에 나올 수 없는 책이었다. 올해는 아무도 교토에 놀러 가지 못했으니까.

그리고 김민주 작가님의『바다가 보이는 한 날, 오키나와 한 달 살기』(가제)도 준비 중이었는데 이 책도 당연히 출간이 연기되어서 나는 멘탈 붕괴 직전에 이르렀다. 김민주 작가님도 작년에 오키나와에 추가 취재를 다녀오셨다. 올해는 일본에 못 갈 것이라고는 상상도 못 한 채. 구간도 안 팔리고 예정이던 원고도 당장 책으로 못 내는 상황…. 왜 제게 이런 시련을….

도저히 가만히 앉아 있을 수 없었다. 살아남아야 한다! 머리를 막 굴리다가 『초보 프리랜서 번역가 일기』를 기획했다. 역시 사람은 궁지에 몰리면 없던 힘도 생기는 걸까.

다행히 올해 세상에 나온 이 책은 많은 분의 사랑을 받고 있다. 김민주 작가님과 박현아 작가님의 콜라보는 성공적이었다. 이런 위기가 없었다면 이 책은 세상에 안 나왔을 지도 모른다.

다시 그 전 시점으로 돌아가서, 매달 한 권을 내기로 했으니 2019년 12월과 2020년 1월에 낼 책이 필요했다.

마침 작년 5월에 블로그에 끄적여 둔 원고가 있었다. 그때 무슨 바람이 불었는지 동네 카페에 매일 가서 글을 썼는데 그 내용을 정리해서 책으로 내면 될 것 같았다. 이렇게 나 자신에게 고마울 수가. 그 원고가 바로 『1인 출판사 수업』이었다.

오랜만에 내 책을 낸다는 즐거움도 있었고 내 책이니 나만 열심히 움직이면 출간 속도를 제법 낼 수도 있을 듯했다. 책을 내야겠다고 결심한 것이 10월 22일쯤이었고 책이 12월 초에 출간되었으니 만드는 데 한 달 남짓 걸린 듯하다. 솔직히 큰 기대를 안 한 책인데도 많은 분이 읽어주셔서 그저 감사할 따름이다.

2020년 1월에는 2015년에 출간한 세나북스의 첫 책이었던 이동호 작가님의『청춘의 여행, 바람이 부는 순간』의 개정판을 내기로 했다. 기존 출판사와의 계약 기간이 끝나서 정리하고 (기존에 다른 출판사에서 대신 제작, 유통, 관리해주고 있었다) 세나북스에서 직접 책을 낼 수 있었다.

그리고 2020년 2월에『한 달의 교토』가, 3월에는『초보 프리랜서 번역가 일기』를 출간할 수 있었다. 그리고 4월에는 또 내가 쓴『책과 여행으로 만난 일본 문화 이야기』를 출간하게 되었다. 이 책도 이미 원고가 어느 정도 나와 있어서 빠르고 쉽게 작업을 진행할 수 있었다.

원래 전자책으로 나왔던 책들의 내용을 모아서 다시 정

리했는데 정말 많은 오타와 비문을 고쳐야만 했다. 정말 요즘은 나의 지난날을 반성하는 데 많은 시간을 보내고 있다.

2019년 12월부터 2020년 4월까지 다섯 권을 한 달에 한 권씩 출간할 수 있었고, 다행히 모두 반응이 좋아서 지금은 약간 한숨을 돌린 상태다. 아직 방심은 금물이긴 하지만….

사실 매달 책 내기는 쉬운 일은 아니지만 꽤 보람 있었다. 그리고 내 능력의 한계를 테스트해보는 방법이기도 했다. 매달 내지만 품질에 문제가 있으면 안 되기에 신경을 많이 썼다.

올해 목표는 일단 1달에 한 권 책 출간하기로 정했다. 물론 변수는 있고 못 지킬 수도 있지만 계획은 세워본다. 단, 개정판도 포함해서 책 만드는 부담을 줄여야겠다.

매달 책을 내려면 미리 원고도 준비해야 하고 스케줄 조정도 잘해야 한다. 이렇게 책을 꾸준히 내면 자금의 순환이 원활해진다. 처음 출판을 시작하는 분들은 이런 자금 운용에 대한 계획을 미리 구체적으로 잘 세워야 한다.

일단 책을 한 권 내고 나면 꾸준히 계속 책을 내야만 출판사를 유지할 수 있다는 사실을 명심해야 한다.

나도 출간 간격을 잘 조정해서 두 달에 한 번씩 규칙적으로 출간을 하는 등, 자금 운용을 더 잘했다면 작년의 위기를 쉽게 넘겼을 것이다. 전에 만들어 놓은 책이 잘 나가니 괜찮겠지 하고 안일하게 생각했다. 작년에 힘들었고 그 여파가 올해에도 영향을 많이 끼치고는 있지만 잘 해결하기 위해 노력하고 있다.

이런 힘든 시기에도 변함없이 같이 일해 주시고 많은 영감과 힘을 주는 작가님들께 정말 감사하다. 앞으로도 좋은 작가님들과 함께 독자들에게 사랑받을 수 있는 책을 많이 만들고 싶다.

처음부터 완벽한 출판 결과물을 내려고
하지 말자

독립출판물을 보면 아무래도 디자인이나 편집 등에서 기성 출판(일반적으로 서점이나 대형 유통사를 거쳐서 판매되는 책을 의미)보다는 조금 부족해 보이기도 한다. 물론 물성이 좋고 편집도 내용도 좋은 독립출판물도 많고, 기성 출판이라고 다 완벽한 디자인 (어차피 완벽한 디자인이란 건 없지만)과 편집은 가능하지도 않고 실제로 그렇지도 못하다.

출판 업무를 제대로 배우지도 못했고 경험에 의지하며 바닥부터(?) 해나가는 내가 편집이 어쩌고 디자인이 어쩌고 할 처지는 아니다. 그래도 나처럼 처음부터 디자인을 직접 해야만 하는 상황인 분들께 조금은 도움이 될 만한 팁이라고 생각해서 이야기를 한 번 해보겠다.

처음 직접 제작한 책이 『걸스 인 도쿄』인데 표지는 아무래도 자신이 없어서 외주 디자이너에게 부탁하고 내지 디자인에는 직접 도전했다.

이렇게 작업을 한 여러 이유가 있는데 장기적으로 디자인을 내가 다 하고 싶었다. 디자인을 외주로 맡기면 비용이 큰 부담이다. 결국 자금이 부족해서 디자인을 직접 하기로 결심한 것이다. 다행히(?) 창업 초기에 3개월간 인디자인 학원에 다니며 기초를 배워 두긴 했지만 실력은 그리 좋지 못했다.

지금 와서 생각해보니 내가 다닌 학원의 인디자인 강사가 잘 가르치는 사람도 아니어서 별로 배운 것도 없이 거의 인디자인 기본만 알고 직접 디자인을 시작했다.

이렇게 말하는 근거는 나중에 다른 교육 기관에서 일러스트레이터를 배웠는데 너무 잘 가르쳐서 '인디자인도 여기서 배웠으면 훨씬 시간과 돈을 절약했겠다!'라고 생각했기 때문이다.

내가 만났던 강사는 수업 시간의 3분의 1을 자기 자랑으로 채우며 도대체 초보를 위한 배려가 없었다. 수업을 잘

하는 사람들 위주로 이끌어 나가서 나 같은 완전 초보는 너무 힘들게 수업을 받았다. 강사는 모두가 수업을 잘 따라가도록 배려해야 한다고 생각한다.

그리고 어차피 나는 윈도우(window) 기반으로 작업을 할 텐데 학원에서는 맥(mac)으로 수업을 해서 써 본 적 없는 맥에 적응하느라 쓸데없이 진을 뺐다. 이건 학원 선택을 잘 못 한 내 탓이긴 하지만.

출판을 처음 시작하면 하나부터 열까지 정말 넘어야 할 산이 많다. 툴 하나 배우는데도 이 난리를 쳤으니…. 처음에는 이런 소소한 시행착오를 계속 겪으며 하나하나 알아갈 수밖에 없다.

『걸스 인 도쿄』이후로는 내지와 표지를 모두 직접 작업했다. 처음 1인 출판이나 출판사를 시작하려는 분들이 인디자인 등을 이용한 책 디자인을 직접 할지 외주를 맡길지 많이 고민한다.

이런 면에서 디자인이 가능한 사람이 1인 출판사를 하면 엄청난 메리트가 있다고 생각한다. 본인이 직접 다 하지 않더라도 작업 방식을 완벽하게 알고 있고 디자인 안목도 있기 때문이다.

원래 디자인을 잘하는 사람이 아니라는 전제하에 직접 책 디자인을 하면 좋은 점은 다음과 같다.

1. 디자인 실력이 향상된다

2. 비용이 절감된다. (외주 디자인비는 무시 못 할 수준이다)

3. 외주 작업을 하며 걸리는 시간을 줄일 수 있다. (의사소통에 상당한 시간과 노력이 필요하다)

4. 스케줄 조정이 쉽고 속도감 있게 일할 수 있다. (어차피 내가 다 하니까 밤낮이고 주말이고 일할 수 있다)

직접 디자인을 하면 좋은 점도 있지만 문제도 발생한다.

1. 생각보다 좋은 품질이 안 나올 수도 있다. 초보라면 이건 어느 정도 감수해야 한다. 독자들의 디자인에 대한 기대치는 생각보다 매우 높다.

2. 내지 디자인이 복잡하면 시간이 오래 걸리는데 그동안 다른 일을 못 한다.

3. 누군가 디자인을 봐주는 사람이 있으면 좋지만 혼자 하다 보면 독단(?)으로 흐를 가능성이 크다.

1인 출판사로 혼자 일하면 디자인뿐 아니라 편집 등 다른 일에서의 결정도 전반적으로 독단으로 흐를 수 있는데, 이를 걸러 낼 장치가 있으면 좋다. 1인 출판사끼리 연합을 하거나 봐주는 멘토가 있으면 좋다.

그럼 어느 정도 수준의 디자인 작업이 가능하면 혼자서 직접 해도 될까?

사실 디자이너 출신이 아니면서 아주 고급스러운 디자인을 할 수는 없다. 스킬도 안목도 부족하다. 그럼 자금이 없는데 외주를 써야 할까? 이 부분에 대해서는 각자의 선택이지만 내 경우를 이야기해 주고 싶다.

자금이 넉넉하지 않은데 굳이 무리할 필요는 없다고 생각한다. 정말 못 봐줄 수준이 아니라면 직접 해보라고 권하고 싶다. 내 주변 1인 출판사 대표 중에는 직접 다 하는 분들이 많다. 얼마 전에는 북디자이너 출신 1인 출판사 대표님을 만났는데 내가 만든 책에 대해 조언도 듣고 큰 도움이 되었다.

아주 큰 자본금을 들고 하는 사업이 아니라면 돈은 무조건 아껴야 한다! 처음에는 시간과 노력이 많이 들어도 다 직접 도전해 볼 필요가 있다. 나중에 자금 여유가 생겨서 외주를 주더라도 내가 많이 알면 일을 더 잘 시킬 수 있다.

그리고 디자인은 하다 보면 점점 실력이 는다. 뭐든 직접 해본 경험이 없으면 잘할 수가 없는데, 디자인 실력을 높일 수 있는 이런 절호의 기회를 놓치면 너무 아깝다.

무슨 일이든 반강제로 하는 가운데 실력이 는다. 먹고 살려고 뭔가를 열심히 하다 보면 달인이 되고 고수가 된다. 마음 편하게 일하면서 그 분야의 대가가 되기는 힘들다. 고난의 연속이지만 그 힘든 시간을 거쳐야 무슨 일이든 이루어진다.

내가 처음에 직접 만든 책이나 광고 페이지를 지금 보면 한숨이 나오는 수준이지만 결코 그런 결정들을 후회하지 않는다. 누구나 처음이 있고 초보 시절이 있다.

처음 내지 디자인을 했을 때는 여행서라서 조금 복잡하기는 했지만 3개월이나 시간이 걸렸지만, 요즘은 비슷한

난이도의 작업을 일주일 정도면 다 할 수 있다.

가장 강조하고 싶은 부분은 처음부터 너무 완벽하게 모든 것을 준비하고 출판을 하는 건 가능하지도 않고 굳이 그렇게 하지는 마시라고 말하고 싶다.

어느 정도 준비를 하고 시작해야 시간과 노력, 시행착오를 줄일 수 있는 건 사실이다. 그렇다고 처음부터 완벽한 디자인 실력과 편집 실력을 갖춰야만 출판을 시작할 수 있는 건 아니다. 70% 정도 준비되었다고 생각하면 실행해야 한다.

하다 보면 방법이나 요령도 생기고 가야 할 방향이 보인다. 물론 직접 하지 않고 잘하는 사람을 섭외할 수 있다면 그것도 능력이기에 그 방향으로 출판을 해도 된다. 어차피 정답은 없고 각자의 환경과 처지에서 제일 나은 선택을 하면 된다.

바로 이런 포인트에서 1인 출판사 대표가 얼마나 복합적인 생각을 해야 하고 잘 판단해야 하는지가 여실히 드러난다. 자금도 없는데 외주 편집자에 비싼 디자이너를 섭외해서 책을 만들었는데 그 책이 안 나가면 그다음 책은 없을 수도 있다.

아는 출판사 중에는 편집, 디자인을 모두 외주로 쓰는 곳도 많다. 아무래도 책이 더 고급스러워 보이고 좋긴 하다. 하지만 그 출판사들도 넉넉한 자금으로 사업을 하는 건 아니다 보니 외주 비용 주고 나면 1쇄가 다 나가도 하나도 남는 것이 없다. 거기에 광고 비용까지 많이 쓰면 적자도 난다. 2쇄, 3쇄 다 나가주면 좋지만 그건 아무도 장담할 수 없다.

그나마 내가 겨우 버티는 이유는 혼자 다 해서 속도감 있게 일할 수 있고 외주 비용이 하나도 들지 않기 때문이다. 작은 출판사는 1쇄부터 이익이 나야 하고 세나북스는 그렇게 하고 있다.

지금 상태에서 외주에 의존했다면 벌써 출판을 접었을지도 모른다. 처음 출판하려는 분들은 철저하게 자금 계획을 세우고 편집이나 디자인을 직접 할 것인지, 외주를 줄 것인지 같은 세부적인 계획도 미리 다 세우고 출판을 시작해야 한다.

출판 프로세스를 완전히 장악하자!

회사 다닐 때 가장 좋은 점은 역시 매달 나오는 월급이었다. 덕분에 안정적인 생활이 가능했다. 그래도 돈보다 좋아하는 일을 선택했고 1인 출판사를 시작했다.

지난 5년 동안 회사를 그대로 다녔으면 경제적으로는 훨씬 더 여유가 있었을 것이다. 내 퇴직금도 고스란히 남아 있고 개인연금들도 차곡차곡 불어나고 있었겠지.

하지만 나의 선택을 절대 후회하지 않는다. 1인 출판사는 내가 평생 할 수 있어서 장기적으로 보면 손해는 아니다. 회사는 언제 그만둘지 모르니 계속 다녔어도 항상 불안했을 것 같다. 그리고 조직 생활이 정말 싫었다.

회사 다니면서도 그리 일 잘하는 사람은 아니었지만 1인 출판사는 내 사업이니 정말 잘하고 싶다는 생각이 든다. 나의 능력이 곧 세나북스의 경쟁력이니 능력이 없으면 버티지 못하고 바로 망하는 거다.

회사에서야 조금 적당히 일해도 당장 월급이 안 나오지는 않지만 (그렇다고 회사 다니면서 대충 일했다는 의미는 아니다) 개인 사업자이자 혼자 모든 일을 다 하는 1인 출판사니 조금도 방심할 수 없다.

1인 출판을 시작하기 전에 과연 내가 잘 할 수 있을까 하는 고민을 많이들 하는데 구체적으로 어떤 능력을 점검하면 자신감을 가질 수 있을까?

그중 하나로 먼저 출판 프로세스를 잘 알아야 한다. 큰 줄기는 간단하지만 여러 변수가 작용하기 때문에 아무래도 경험치가 어느 정도 쌓여야 아주 세세한 부분까지 잘 알 수 있고 크고 작은 실수를 줄일 수 있다.

회사에 다닐 때 데이터 컨설팅 회사에 8년간 다녔는데 회사가 직원들의 능력을 검증하는 방법이 있었다. 컨설팅이다 보니 다른 기업에 파견 나가서 프로젝트를 수행하는 방식의 일이 대부분이었다. 회사는 직원을 혼자 내보내서 일하게 하거나, 아니면 여러 명 내보내면서 한 사람에게 리더의 권한을 준다.

이 경우 리더로서의 업무를 잘 수행해 내는 사람은 회사에서 인정을 받았다. 어떤 사람들은 시키는 일은 참 잘하는데 프로젝트를 처음부터 끝까지 끌고 가며 책임감 있게 수행하라고 하면 잘 못 했다. 어떤 차이가 있는 것일까?

시키는 일만 단편적으로 잘하기도 사실 힘들다. 그런데 쪼개진 일은 거의 정답이 있다. 어느 정도 경험을 쌓으면 잘 해낼 수 있다. 그리고 윗사람이나 동료들이 쉽게 도와줄 수 있다.

하지만 프로세스를 장악하며 어떤 일을 추진하려면 정답만 가지고는 힘들다. 다양한 변수가 등장하기 때문이다. 이런 변수들에 그때그때 잘 대처해서 문제를 해결해야 한다. 그리고 누구한테 물어볼 수는 있지만 대체로 혼자 해결해야 한다. 정답을 스스로 만들거나 찾아야 한다.

내가 예전에 다니던 회사의 업무수행 방식은 어떻게 보면 직원이 문제해결 능력이 있는지 없는지를 회사가 테스트했다고도 할 수 있다.

출판도 마찬가지다. 처음부터 끝까지 프로세스를 무리 없이 잘 수행하고 이런 경험이 계속 쌓이면 점점 더 실력이 탄탄해지고 출판을 잘 할 수 있게 된다.

그래서 출판을 시작하기 전에 당장 경험은 없더라도 어느 정도는 이론으로 무장해야 한다. 좋은 책이 많이 나와 있어서 공부하는 데 문제는 없다. 관련 세미나나 강좌가 있다면 찾아서 듣는 것도 도움이 된다.

4 장

인쇄, 유통과 친해지자

인쇄 부수 결정은 보수적으로!

2018년 6월에 낸『일본에서 일하며 산다는 것』은 꽤 인기가 있어서 2019년 2월에는 재쇄를 찍었다. 망설임 없이 2천 부 재쇄를 찍었다. 2019년에는 '일본에서 한 달 살기 시리즈' 첫 번째 책으로『다카마쓰를 만나러 갑니다』를 출간했는데 반응이 좋아서 순항 중이었고, 2019년 6월에는 20분 작가님과 같이 작업한『일본에서 한 달을 산다는 것』도 출간되어 좋은 반응을 얻고 있었다.

2018년 7월까지만 해도 나의 작은 출판사는 장밋빛이었다. 그래, 이대로 가면 되는 거야! 라고 좀 안심을 하고 있었는데, 일은 터지고 말았다.

일본과 한국의 관계가 악화하면서 일본불매 운동으로까

지 번졌다. 『일본에서 한 달을 산다는 것』은 7월만 해도 한 달에 200권씩 나가던 책이었는데 8월에는 10권도 채 나가지 않았다. 재쇄를 찍은 『일본에서 일하며 산다는 것』도 마찬가지였다. 일본과의 문제가 없었다면 위에 언급한 책 세 권을 합쳐서 수백 권은 더 판매되었을 것이다.

그나마 조금 여유 있던 자금도 이 생각지 못한 사태에 여유는커녕 돈을 빌려야 할 처지에 인쇄비도 조금씩 늦춰서 줄 수밖에 없는 상황이 되었다.

많은 생각을 하게 해 준, 나와 출판사에는 큰 사건이었다. 출판사를 시작하고 처음 자리를 잡을 때 금전적으로나 일로 힘들었던 시기가 있었는데, 그때를 제외하고는 최대 위기였다.

두 가지 큰 공부가 되었는데 한 가지는 앞에서도 언급했듯이 책을 적어도 두 달에 한 권은 규칙적으로 냈어야 했다. 작년만 해도 3~4달에 한 권 정도 출간했는데 다행히 구간이 잘 나가줘서 큰 문제가 없어 보였다.

하지만 이번에 조금 힘든 시기를 지내보니 생각지도 못한 변수에 대비하려면 꾸준히 책을 내는 구조를 마련해야 했다. 신간 효과로 리스크를 줄이는 방법이라고도 할 수 있다. 물론 신간 효과로만 끝나면 안 되고 꾸준히 잘 나가는 책을 내야 한다. 이 부분에 대해서는 앞에서 자세히 언급했다.

출판 창업 관련 책을 보면 '책을 꾸준히 내야 한다' 같은 말들이 다 나와 있다. 하지만 무슨 일이든 직접 경험을 하거나 고생을 안 해보면 읽어도 '아, 그런가 보다'하고 쓱 지나간다. 예전에 읽었던 출판 관련 책들을 지금 보면 '와, 이런 좋은 알짜 정보가 있었는데 이 책을 읽고도 내가 왜 몰랐지!' 하는 경우가 많다.

분야도 다양화해야 한다. 일본 관련 콘텐츠만 냈다면 정말 큰일 날뻔했는데 다른 분야의 책도 있었고 일본어 수험서는 생각보다 큰 영향이 없어서 그나마 버틸 수 있었다.

작년에는 7월 정도부터 일본 사태로 한 방을 먹고 그다음 책은 10월에나 나왔다. 6월에 책을 내고 4개월이나 공백이 있었던 셈이다. 이 기간에 책이 잘 안 나갔고 새로 나올 책도 없었으니 매출이 형편없었다. 그리고 10월에 나온 책은 디자인이나 제작에 공이 많이 들어가는 일본어 문법 책이어서 매출이 안 좋은 와중에도 다른 일은 거의 못 하고 책 만드느라 시간을 많이 쓸 수밖에 없었다.

또 한 가지 절실하게 느낀 점은 책을 한 번에 너무 많이 찍으면 안 된다는 점이다. 조금 나간다 싶으면 재쇄도 2천 권 찍고 초도도 2천 권씩 찍곤 했는데 좀 더 보수적으로 1쇄 부수를 찍어야겠다는 생각이 들었다.

앞서도 언급했지만, 『일본에서 일하며 산다는 것』만 해도 재쇄를 2,000권이나 찍었는데 찍은 직후부터 책이 안 나가서 창고에 있는 책이 줄어들지가 않았다. 너무 화가 나고 속상했지만 방법이 없었다. 그래서 얼마 전에 눈 딱 감고 600권은 폐기처분을 했다. 창고보관비를 줄이기 위해서다. 책이 너무 많으면 창고비가 매달 많이 나가서 이 돈도 모이면 엄청나다.

전혀 안 나가는 책도 아니고 천천히 나가기는 하지만 여전히 한 달에 10~30권 정도의 속도로 팔린다. 지금 상황을 보면 이 책이 다시 아주 잘 팔릴 것 같지는 않기에 결단을 내렸다. 이런 판단은 참으로 하기 힘들다. 재쇄를 처음부터 보수적으로 생각해서 조금만 찍었으면 좋았으련만. 후회해도 이미 늦었다. 비싼 수업료를 치렀다고 생각하기로 했다.

그래서 최근에 낸 책들은 꽤 판매가 기대되는 책이어도 처음부터 2,000부씩 찍지 않고 1,000권에서 1,500권 사이로 찍었다. 잘 나가면 또 재쇄를 찍으면 된다. 물론 한 번에 많이 찍을수록 비용은 절약되지만 찍었다가 안 나가면 또 손해고…. 이런 고민은 끝이 없다.

6년 차인데 아직도 시행착오를 겪고 있는 1인 출판사. 하지만 새로 배울 일이 있다는 사실이 지루하지 않고 재미있기도 하다. 이렇게 글로 남기면 다음에 책을 만들어 파는 그 누군가에게 조금이라도 도움이 되지 않을까? 꼭 그랬으면 좋겠다.

중쇄를 찍자! 2쇄를 찍었다면 정말 대단한 것,
천 권 팔기도 얼마나 힘든지

『손으로 쓰면서 외우는 JLPT N2 30일 완성』의 재고가 100권 정도 남았다. 지난 2020년 1월 1일부터 3월 17일까지의 판매 통계를 보니 135권이나 나갔다! 그렇다면 100권으로는 2달도 못 버틸지도 모른다. 야호, 재쇄 아니, 3쇄다!

3쇄가 뭐 그리 대단하냐 하시는 분도 계실 것 같다. 어떤 책 보니까 100쇄도 찍던데 무슨 3쇄 가지고 호들갑이냐고…. 하지만 직접 책을 팔아보면 이 3쇄가 얼마나 대단(?)한 수치인지 몸으로 느낄 수 있다.

24시간 책 만들고 파는 생각만 하니 어떨 때는 내가 왜 이 일을 시작했나 하는 후회 아닌 후회도 되지만 이미 게임은 시작된 지 오래되어서 끝을 보는 수밖에 없다. 언제

끝날지 모르지만.

2쇄를 찍은 책은 총 6권이다. 나도 지금 알았네. 이렇게나 많았나? 2쇄 찍은 책 중 하나는 잘 팔릴지 몰라서 1쇄를 천 권만 찍었다가 다행히 잘 나가서 2쇄를 2천 권 찍었다. 중쇄를 찍은 다른 책은 1쇄, 2쇄 모두 2천 권씩 찍었다. 앞서도 이야기했지만 1쇄는 물론이고 재쇄를 찍을 때도 몇 권을 찍을지 몇 번이고 다시 생각하는 편이 좋다.

아무도 미래를 예측하지 못하지만 기존 판매 데이터로 판매 동향과 추이를 분석하고, 시의성이나 기타 이 책이 지금만큼 잘 나갈 요인이 적다고 판단되면 과감하게 재쇄 부수를 줄여야 한다. 이걸 못해서 작년에 많이 고생했다.

저자인 나무 작가님과 나의 기획과 아이디어로 만든 책이 3쇄를 찍게 된다니 너무 기쁘다. 이번에는 표지나 판형의 변화 없이 기존과 동일한 내용으로 인쇄하고, 조만간 JLPT N1, N2, N3 모두 개정판으로 다시 낼 계획이다. 그렇다면 이번 3쇄를 너무 많이는 찍으면 안 될 것 같기도 하고 갑자기 재쇄 부수가 고민되기 시작한다.

『손으로 쓰면서 외우는 JLPT 30일 완성』 시리즈에서 맨 처음 나온 책이 N2이고 그다음에 N1, N3의 순서로 선을 보였다. 시리즈 책의 장점은 앞서 나온 책이 뒤에 나온 책을 미리 홍보해 주는 역할을 한다. 마케팅에 힘이 좀 덜 든다.

재미있는 것이 N2를 내고 독자님들의 문의를 많이 받았다. N1 출간 계획 없으신가요? N3 출간 계획 없으신가요? 라는 문의였다. 요즘도 가끔 N4, N5 출간 계획을 물어보시는 독자님이 계신다. 시리즈 책은 이런 좋은 점이 있다. 아직 나오지도 않은 책을 독자님이 기다리고 있다니!

어떤 출판계 선배님도 시리즈로 책을 내면 좋다고 조언해줬는데 적당한 분야와 좋은 아이디어가 있다면 시리즈로 책을 내면 당연히 좋다. 어린이 책도 시리즈로 내면 좋다.

사실 이 책도 어찌 보면 『1인 출판사 수업』의 시리즈 내지는 형제 같은 책일 것이다. 전작을 생각보다 많은 분이 좋아해 주서서 '그래, 내가 아는 출판에 대한 이야기를 더 하자'라는 생각에 다시 1인 출판사에 대한 책을 내게 되었다. 앞으로 더 경험이 쌓이면 계속 1인 출판사에 관한 책을 내고 싶다.

생각보다 큰 물류창고와 배본사 비용

처음 출판사를 시작하면 해야 하는 중요한 일 중 하나가 책 보관과 배송을 담당해 줄 출판물류 대행업체(배본사 또는 물류창고. 이하 '물류 업체'로 통일)를 정하는 일이다. 출판 창업 카페를 보면 개인이 직접 책 배송을 해도 되냐는 질문이 많이 올라오는데 특별한 이유가 없다면 무조건 물류 업체에 맡길 것을 권한다.

물류 업체가 해 주는 일은 생각보다 많다. 출판사의 책을 보관해주고 출판사의 출고요청이 있으면 각 서점으로 책을 배송해준다.

출고 작업을 좀 더 자세하게 소개하면, 각 출판사는 아침마다 서점에서 들어오는 주문을 물류 업체가 제공하는 출고관리 프로그램에 입력한다. 이 주문을 보고 물류 업체는 출고를 진행, 각 서점과 도매상에 책을 보낸다.

물류 업체의 출고관리 프로그램은 무척 유용하다. 여기에 입력한 내용을 기반으로 기간별로 책이 몇 권이 나갔는지, 매출이 어느 정도인지 등 출판사의 책 판매 관련 각종 통계를 볼 수 있어 엄청 편리하다.

작가님들께 인세를 드릴 때도 이 프로그램에 입력한 데이터를 근거로 하면 정확하다. 불필요한 오해를 없애기 위해 인세를 지급할 때 이 출고관리 시스템의 기간별 판매 내역을 화면 캡처해서 작가님들께 보여드리기도 한다.

개인적인 생각이지만 출고 데이터를 분석하는 일은 상당히 중요하다. 중단기 계획을 세우거나 계절별, 월별 매출 추이 등을 분석할 수 있어서 아주 좋은 데이터베이스를 가지게 되는 셈이다.

책이 다 만들어지면 물류 창고로 책이 들어온다. 보통 인쇄소에서 물류 창고로 바로 보내준다. 잘 만들어졌는지, 수량은 맞는지 등을 직접 가서 체크해야 한다. 물론 미리 확인한 다음에 창고로 보내도 되는데 앞서 언급했듯, 나는 인쇄소 사장님이 알아서 다 해주셔서 그냥 믿고 맡긴다. 그래서 물류 창고에 가서야 처음 인쇄된 책을 만나곤 한다.

책을 보관해 주고 배송을 대신해 주며 반품된 책도 다 받아서 관리해주는 물류 업체는 편리하고 필요한 존재다. 문제는 비용이다. 책이 많아질수록 보관 비용이 증가한다.

보통 재고 기본관리비라고 해서 일정 부수까지는 정해진 금액을 받고, 책이 많아지면 재고 초과관리비라고 해서 추가로 지급할 금액이 생긴다. 이건 물류 업체 정책에 따라 다르겠지만 대부분 비슷한 관리 방법을 쓸 것 같다.

책이 많이 팔려서 나가는 배송비는 솔직히 그리 아깝지 않은데 이 보관 비용은 좀 신경이 쓰인다. 더군다나 책이 잘 안 나가서 재고가 줄어들지 않으면 이 비용이 증가하는 구조니, 고통이 가중되는 기분이 든다.

처음에는 출간 종수가 몇 개 안 되니 물류 업체에 지급하는 비용도 월 15만 원 정도였고 별 신경을 안 썼는데, 종수가 10종을 넘어가면서 책이 많아지니 보관 비용이 많이 올라갔다. 그나마 요즘은 총재고를 7,000부가 넘지 않게 관리해서 물류비용이 30만 원 정도다. 매달 나가는 비용이니 적은 돈이 아니다.

작년에 창고에 보관된 책이 많을 때는 만권이 넘었는데 보관 비용을 생각하지 않을 수 없어서 잘 안 팔리는 책은 폐기했다. 말로만 듣던 책 폐기를 해보니 정말 마음이 안 좋았다. 물류 회사에 이야기하면 전문 업체에 대신 의뢰를 해서 폐기를 진행해 준다.

책 폐기는 두 번 했는데 첫 번째 책을 폐기할 때 물류 업체 실장님께 여쭈어보았다.

"대신 폐기해 주시니 편하고 좋네요. 그런데 책 폐기 비용은 어느 정도 들까요?"
"비용이요? 비용은 안 들고 도리어 종잇값을 받을 수 있어요."

그래서 책을 폐기하고 돈 4만 원을 받았던 씁쓸한 기억이 있다. 그 돈은 직접 안 받고 물류 업체에 줄 비용에서 마이너스 되도록 처리했다. 책을 폐기한 그달은 재고 관리

비용이 줄고 거기에 4만 원이 더 빠졌다. 웃어야 하나 울어야 하나.

이런 비극(?)을 미리 방지하려면 일단 예상 판매 부수를 잘 책정해야 하는데 거기서 첫 번째로 실패했고, 만들어서 제대로 못 판 책도 있었다. 역시 판매는 쉽지 않다.

15년 전부터 출판사를 하는 출판사 대표님은 물류비용이 월 100만 원은 기본으로 들어간다고 하셨다. 일단 책이 200종이 넘는다.

또 다른 대표님도 시작한 지 오래되지는 않았지만 한 가지 분야의 출간에만 집중해서 책을 잘 파는 분인데 책은 40여 종 출간했고 역시 물류에 월 100만 원 정도 비용이 나간다고 한다. 택배 배송이 많은 달에는 월 120만 원 정도 나가기도 한단다. 그래도 그만큼 책이 팔린다는 의미가 아닌가!

부럽기도 하고 회사가 더 커지고 종수가 많아지면 물류비용을 낮추는 노력을 게을리해서는 안 되겠다는 생각이 들었다.

택배 비용이 부담스러워서
이벤트 도서 발송은 일반 우편으로

　책이 새로 나와서 서평 이벤트를 하면 서평단에 책을 직접 보내야 한다. 당첨된 한분 한분에게 다 책을 보내는데, 처음에는 배본사를 통해서 택배로 보냈다. 택배가 한 건당 2,800원 정도여서 크게 신경을 안 썼는데 나중에 보니 생각보다 큰 금액이었다. 10권만 보내도 28,000원이잖아!

　배본사를 이용하면 따로 포장도 필요 없고 물류 프로그램에 책 받을 분 주소를 입력하고 발송 버튼만 클릭하면 된다. 시간도 절약되고 편해서 이용했는데 비용이 부담스러웠다. 서평단뿐만 아니라 서점 MD님들에게도 책을 보내야 하고, 몇몇 언론사에도 보내야 하니 이게 전부 모이면 택배 비용만 30만 원 정도 들기도 했다.

그래서 서평단은 책을 택배로 보내지 않고 배송에 조금 더 시간은 걸리지만, 양해를 구하고 일반우편으로 보내고 있다. 일반우편은 같은 무게라면 전국 어디에나 균일한 가격으로 책을 보낼 수 있다. 심지어 제주도도 같은 가격이다! 비용도 일반 단행본 기준으로 1,500원 내외다. 일반 택배의 반 정도 수준이라 비용 절감에 아주 좋다.

특히 책이 얇아서 가벼우면 요금이 천 원 미만이다. 택배비의 3분의 1 정도 비용밖에 안 든다. 책을 많이 보내는데 택배비가 부담된다면 일반우편을 이용하면 된다.

사실 맨 처음에는 서평 이벤트 도서를 일반우편으로 보냈었다. 그런데 한 번은 서평 카페에서 어떤 분이 "택배인 줄 알았는데 일반우편으로 와서 좀 놀랐고 불편했어요. 돈 없는 작은 출판사니 이해해 줍시다."라는 내용의 글을 카페에 올려서 너무 속이 상했다.

그래서, '흥, 그럼 택배로 보내주지!'라며 호기를 부리고 택배를 이용했지만 바로 후회하고 다시 일반 우편으로 보내고 있다. 쓸데없는 자존심보다는 실리를 택해야 하는 것이 1인 출판사다.

배본사를 잘 이용하면 업무 효율을 높일 수 있다

배본사(보통 물류 업체와 배본사가 같음으로 여기서는 배본사로 지칭. 물류 업체라고 생각해도 된다)에 가끔 업무상 전화를 하는 경우가 있는데 대체로 다음과 같은 이유다.

- 책이 입고되었는지 확인하는 전화
- 책을 잘 못 출고했거나 추가로 출고해야 하는 경우
- 들어온 반품을 집으로 보내 달라는 전화
- 명세서가 누락되는 경우 확인 전화
- 서점에서 책을 못 받았다고 연락이 오는 경우 확인 전화

가끔 내가 주문을 잘 못 넣어서 서점에서 전화가 오는 경

우도 있다. 예를 들어 공급률을 60으로 넣어야 하는데 65로 넣은 경우 등이다. 이럴 때는 일단 서점에 장부 수정을 요청하고 다시 배본사에 전화를 걸어서 출고 프로그램에 등록된 데이터도 수정을 요청한다. 그래야 두 정보가 일치해서 나중에 정산할 때 대조가 쉽다.

명세서는 배본사에서 첨부해서 각 서점이나 도매상에 보내는데 가끔 누락되면 서점에서 연락이 온다. 그럼 배본사가 서점으로 팩스를 보내는 등의 처리를 해준다.

그리고 분명 주문을 넣었는데 서점에서 못 받았다는 연락을 받으면 그냥 보냈다고 하기보다는 배본사에서 실제로 보냈는지 확인하는 편이 좋다. 가끔 배본사에서 배송을 빠뜨리는 경우도 발생하기 때문이다. 실제 이런 일은 드물고 대부분 책이 조금 늦게 도착해서 서점 구매팀이 출판사에 실제 발송했는지 여부를 확인하는 경우다.

이러니저러니 해도 역시 배본사를 통해 일하면 편하다. 어떤 1인 출판사 대표는 단독주택으로 이사가서 자택 창고에 책을 쌓아두고 배본사 없이 남편과 함께 출고 업무를 직접 한다는 데 정말 대단하다는 생각이 든다.

이처럼 1인 출판사는 섬세하고 잡다하게 처리해야 하는 일들이 끊임없이 있다. 이런 1인 출판의 특성을 잘 알아야 한다. 만약 내가 이런 일에 적합하지 않다면 조금 하다가 하기 싫어질 수도 있기 때문이다.

인쇄, 1도와 4도 사이에서 방황하다

1도 인쇄는 칼러가 아닌 흑백 인쇄를 의미한다. 4도 인쇄는 칼러 인쇄다. 2도 인쇄도 있다. 검은색 외에 한 칼러를 더 쓸 수 있다.

1도 인쇄도 농도를 달리하면 좀 더 다채롭게 지면의 색을 사용할 수 있다. 회색만 들어가도 검은색만 있는 책보다 변화가 느껴진다. 2도도 마찬가지로 칼러의 농도를 달리해서 색을 조금 더 다양하게 쓸 수 있다.

예를 들어 검정 이외에 분홍을 쓴다고 하면 분홍색의 농도를 연하거나 진하게 해서 다양하게 지면의 색이나 글자 색 등을 표현할 수 있다.

서점에 가서 책을 보면 예전에 일반 독자였을 때는 내용을 보고 그냥 전체적인 느낌을 봤지만, 지금은 보는 관점이 조금 달라졌다. 가격을 보고 책이 1도 인쇄인지 2도, 4도 인쇄인지도 보게 된다.

책을 만들며 가장 부담되는 비용은 역시 제작비다. 편집과 디자인도 외주를 쓰지 않고 혼자 하니 제작비, 인세, 물류(배본사)비용이 가장 큰 지출인데, 그중 제작비가 가장 높은 비율을 차지한다. 일반적으로 제작비보다 인건비가 더 부담이라고들 말한다. 외주를 쓰면 당연히 그렇게 된다.

칼러 인쇄는 비용이 더 부담된다. 여행 에세이 같은 책은 사진 비중이 높다 보니 무조건 칼러 인쇄다. 사진이 안 들어가는 책은 가능한 흑백으로 인쇄한다.

부수에 따라 조금은 다르지만, 흑백과 비교해 칼러 인쇄는 비용이 두 배 이상이다. 그러면 책값을 많이 받으면 좋겠지만 생각보다 가격 저항이 커서 그렇게 하지도 못한다. 책이 너무 비싸면 선뜻 사기가 쉽지 않다. 그건 나도 마찬가지다.

최근에 나온 『초보 프리랜서 번역가 일기』는 2도 인쇄에 처음으로 도전해봤다. 도전이라면 좀 거창하지만, 아직도 해보지 않은 출판 관련 일이 많아서 이런저런 새로운 시도 해보기를 즐긴다.

표지 코팅도 계속 무광 코팅만 하다가 최근에 낸 책에 유광 코팅을 해보았다. 유광은 비닐을 씌운 듯한 느낌이 나는데 예전에는 조금 촌스럽다고 생각했는데 요즘은 또 마음이 바뀌어서 좋아 보인다. 해보니 생각보다 꽤 괜찮았다. 때도 잘 타지 않고 무척 마음에 들었다.

예전에 읽은 출판 관련 책에서 한 출판사 대표님이 "초창기에 한 번도 같은 판형의 책을 낸 적이 없다"라고 말해서 기억에 남는다. 그 대목을 읽고 저런 자세를 나도 배워야겠다고 생각했다.

항상 같은 판형에 비슷한 내지 디자인을 하면 일하기는 편하지만 아무래도 뭔가 더 나아진다는 느낌은 덜 하다. 조만간 나올 신간에는 어떤 새로움을 적용할지 또 고민해 본다.

제작비 줄이기도 노하우다. 지금은 한 인쇄소에 종이 발주부터 제본까지 일괄로 다 맡기고 있다. 일도 잘하고 가격도 적당하다. 무엇보다 내가 잘 알지 못하는 인쇄에 대한 부분을 알아서 다 해주니 시간이 많이 절약된다.

종이도 직접 사는 등 시간과 노력, 발품을 팔고 제작에 대해 더 공부를 많이 한다면 제작비를 지금보다 조금은 더 낮출 수 있을 것이다. 하지만 1인 출판사이자 세 아이의 엄마이고 특히 막내가 많이 어린 내게 시간 배분과 처리할 일의 우선순위 정하기는 너무나도 중요하다.

비록 비용은 조금 올라가지만 인쇄에 관련해서는 전문가에게 다 맡기고 있는 지금 이 상태가 내게는 최선이다. 앞으로 바뀔 수는 있지만 지금으로서는 그렇다. 누구나 자신이 처한 환경에서 최선을 찾으면 된다. 돈 조금 아껴보겠다고 너무 무리할 필요는 없다.

대신 다른 부분에 시간과 노력을 더 많이 쓰도록 신경 쓴다. 더 좋은 내용과 독자가 필요로 하는 콘텐츠를 찾고, 책을 잘 편집하고 예쁘게 디자인해서 독자님들께 선보이는 일이 그것이다.

조금 다른 이야기지만, 누군가가 어떤 직업이나 일을 선택하는 갈림길에 있을 때, 그 일을 할지 말지 결정하는 기준이 있을 수 있다. 그 기준이 내게는 이것 한 가지다. 그 일을 하는 데 들어가는 시간과 실력 향상이 정비례해야 하고, 계속하다 보면 남들은 쉽게 넘볼 수 없는 경지에 이를 수 있어야 한다는 것이다. 이런 일은 사실 엄청나게 많고 그중 한 가지를 하면 된다. 출판이 내게는 그런 일이다.

네이버 스마트스토어에서 책을 팔아보니

예전에는 온라인상에서 물건을 팔려면 홈페이지를 만드는 등의 번거로운 과정을 거쳐야 했다. 온라인쇼핑몰 입점도 마찬가지여서 본인이 전문가가 아닌 이상 따로 사람을 고용해서 내 물건 파는 온라인 상점을 만들어야 했다. 디자인이나 인터페이스가 중요하기도 하고 만들기가 까다로워서 전문가의 손길이 필요했다.

처음 출판을 시작했을 무렵 지인이 옷과 잡화를 파는 인터넷 쇼핑몰 개설하는 일을 조금 도왔는데 정말 손이 많이 가고 결국 혼자 다 해결을 못 해서 사람 쓰는 모습을 본 적이 있다. 온라인 쇼핑몰에 입점하는 형식이있는데 꽤 신경쓸 일이 많았고 복잡했다.

출판을 처음 시작했을 때만 해도 책을 온라인에서 파는 방법은 온라인 서점이나 쿠팡 같은 인터넷 쇼핑몰밖에 없었다. 쿠팡은 내가 직접 파는 건 아니고 다른 판매자들이 입점해서 판다. 인터넷 서점 YES24도 쿠팡에서 책을 판매한다.

그런데 얼마 전에 네이버 쇼핑 '스마트스토어'에서 책을 팔 수 있다는 사실을 알았다. 입점 과정도 간단했고 수수료도 일반서점들이 35~45%, 독립서점이 30% 정도 가져가는 데 비해서 2~3%로 아주 저렴했다. 통신판매업 신고증이 필요해서 신청하고 금방 입점을 완료했다. 와 정말 쉬운데?

특이한 점은 책 제목으로는 스마트스토어 검색이 안 된다고 했다. 대신 출판사 이름으로는 검색이 되는 구조였다. 아, 아쉬웠다. 책 제목을 어떤 사람이 검색해서 내가 만든 세나북스의 스마트스토어가 뜨면 좋겠다고 생각했다. 이건 네이버의 정책이니 개인이 어떻게 할 수가 없는 문제다.

개설한 지 얼마 되지 않아 3~4건의 주문을 받았다. 그런데 직접 온라인 쇼핑몰을 운영해보니 생각보다 쉬운 일이 아니었다. 겨우 한두 건 주문이 와도 다 내 손을 타야 했다. 그리고 배송료를 직접 부담하니 기존에 팔던 책과 비교해서 수익률이 생각보다 높지 않았다. 물론 판매 수량이 많으면 주문 한 건당 몇천 원만 더 이익이어도 모이면 큰 금액일 것이다.

주문이 많이 들어와도 문제였다. 주문 확인하고, 포장해서 택배 발송하고, 송장 번호를 입력하는 일련의 과정이 생각보다 신경도 쓰이고 시간도 걸렸다. 가끔 고객이 질문을 올리면 대답도 해야 한다. 무엇보다 송장 번호 입력이 제일 귀찮았다. 한 번은 잘 못 입력했는데 수정이 잘 안 돼서 한 시간을 붙잡고 끙끙대기도 했다.

갑자기 내가 거래하는 배본사와 택배비를 내주는(?) 서점에 한없는 고마움이 밀려왔다. 아, 이런 작업을 다 대신해 주시다니. 물론 배본 비용과 책 수수료는 매달 드리고 있지만 말이다. 내가 직접 책을 팔면 반품, 교환, 환불 처리까지 해야 한다. 아… 안돼! 사실 지금도 책 만들고 홍보하느라 시간이 없는데!

1인 출판과 1인 출판사가 가능한 이유를 잘 생각해 보면 이런 문제에 대응할 답이 나온다. 분업화와 아웃소싱이 가능하기에 1인 출판이 가능하다. 1인 출판사 대표의 손을 직접 거치지 않아도 출판의 전 과정 진행이 가능하다. 물론 어디까지 직접 손을 대느냐는 각자 정하면 된다. 이 선택에 영향을 끼치는 요인은 완성도와 비용이다.

만약 독립 출판을 해서 일반 서점을 이용하지 않는다면 스마트스토어 같은 온라인 쇼핑몰은 훌륭한 대안이 될 수 있다. 택배 발송 정도는 충분히 할 수 있는 시간적 여유가 있다면 스마트스토어 같은 시스템은 제일 나은 선택일지도 모른다. 하지만 대형 서점과 도매상과 계약해서 물류 업체를 이용해 책을 팔고 있는 상태에서 스마트스토어까지는 필요 없다는 생각이 들었다.

물론, 이건 나의 개인적인 생각과 환경일 뿐이다. 어떤 책을 파느냐에 따라 일반적인 책 유통과는 완전히 다른 방법으로도 책을 팔 수 있다.

수험서를 만들어서 파는데 엄청난 매출을 올리는 1인 출판사가 있다. 일반 서점에는 유통하지 않고 자체 제작한 홈페이지에서만 책을 팔고 있다.

이 책은 어떤 자격증을 따는데 독보적인 인기다. 책값도 2만 원대고 배송료도 따로 받지만 자격증 시험을 준비하는 인터넷 카페, 즉 커뮤니티를 운영하고 거기에 모인 실제 자격증을 준비하는 사람들에게 양질의 수험서를 만들어서 판매하고 있다고 한다.

일반적으로 여러 서점이나 유통 채널에 책의 존재를 모르는 독자들이 발견할 수 있도록 책을 전시해서 (인터넷 서점에 책이 등록되는 일도 책을 전시하는 개념으로 볼 수 있다) 판매를 유도한다. 하지만 위의 경우처럼 확실한 고객을 확보하고 있다면 전혀 다른 개념의 책 판매 전개가 가능하다.

고객에게 '내가 책을 만들었으니 홈페이지에 와서 책을 사세요'라고 하면 그만이다. 사실 책을 이렇게만 팔 수 있으면 얼마나 좋을까. 실제로 이렇게 파는 1인 출판사 대표도 있다는 사실이 큰 자극이 된다.

이 출판사는 홈페이지를 이용하고 있지만 스마트스토어에서도 이런 방식으로 판매가 가능하다. 인터넷에 상점을 만드는 일은 정말 쉬워졌다. 내가 확실하게 팔 수 있는 책이나 어떤 물건이 있다면 꼭 도전해보자.

스마트스토어를 이용하면 좋은 점은 또 있다. 예를 들어 굿즈를 자체 제작해서 책과 함께 보내고 싶다든지 하는 경우 내가 직접 발송을 하니 좋다. 실제로 주문을 주신 어떤 작가님께 엽서를 써서 보냈다. 책을 일부러 스마트스토어에서 사주셔서 정말 감사했기 때문이다.

책과 함께 독자에게 증정하는 굿즈는 도서 정가제의 영향 아래에 있어서 일정 금액을 넘을 수 없다. 현행 도서정가제는 온·오프라인 서점이 책 가격의 10%까지 할인 판매할 수 있도록 규정하고 있고 추가로 정가의 5% 이내에서 마일리지나 사은품 지급이 가능토록 허용하고 있다.

처음에는 굿즈를 만들어서 스마트스토어에서 책을 사는 분들께 드리면 좋겠다 막연하게 생각했는데 손이 많이 간다는 사실을 알고는 일단 마음을 접었다.

스마트스토어를 잘 운영하려면 별도로 이 시스템에 대해 공부도 해야 한다. 운영을 잘하고 있는 사람들의 노하우도 배우고 책도 사서 봐야 한다.

무슨 일이든 시간과 노력을 들이지 않고 저절로 되는 건 아무것도 없다. 나도 블로그에서 꾸준히 세나북스 스마트 스토어를 홍보해야 하는데 아직은 열심히 못 하고 있다. 책 만드느라 너무 바쁘다. 다행히도(?) 요즘 이런 내 마음을 아는지 스마트스토어 주문이 거의 없다. 그래도 가끔은 주문이 들어 왔으면 좋겠다.

내가 만든 책이 쿠팡에서 팔리고 새벽 배송도 된다니! 출판 유통의 오묘함이란!

처음 시작할 때보다는 출판 유통을 많이 알지만 아직도 완벽하게 다 파악한 수준은 아니다. '6년째 출판사 한다면서 출판 유통을 잘 모른다고?' 하시겠지만 어떤 종류의 책을 파느냐에 따라서도 조금씩 다르고 생각보다 출판 유통이 복잡하다. 큰 흐름은 알고 있지만 모르는 부분은 '아마도 이럴 것이다' 정도로 유추한다.

출판의 모든 것을 다 알고, 다 잘하는 상태에서 1인 출판사를 시작한다는 건 애당초 가능하지도 않고 개인적으로 그런 전개를 절대 권하지 않는다. 많이 알고 시작하면 좋지만 그러다 보면 시작조차 못 할 수도 있다.

물론 편집, 디자인, 제작, 유통, 마케팅 등 출판 관련 업무를 전혀 모르는 것보다는 어느 정도 알고 시작하면 분명 유리할 것이다.

하지만 이런 출판의 모든 분야에 대한 지식이 풍부하다고 해서 과연 1인 출판사를 한 치의 오차도 없이 잘 운영할 수 있을까? 그건 아무도 모른다. 앞에서도 이야기했지만 외부 환경 요인과 변수가 다양하기 때문이다. 다양한 리스크와 변화의 물결에 어떻게 잘 대응할 수 있을까를 항상 고민해야 한다.

처음 출판을 시작했을 때 자비출판을 전문으로 하는 출판사를 통해서 세나북스의 책을 냈다고 앞서 이야기했다. 이 과정에서 출판의 맛을 살짝 볼 수 있었다. 정말 맛있었다. '으음~ 이 신선한 맛 무엇?'이라고 생각했고 '나도 할 수 있겠는데?'라고 생각했다.

지금 생각하면 참 어처구니없는 행태가 아닐 수 없다. 편집할 줄 몰라, 디자인해 본 적 없어, 출판계 출신도 아니야, 물건은 100원짜리 하나 팔아본 경험도 없음. 이게 당시 나의 스펙이었다. 그런데 뭘 믿고 해볼 만하다고 생각했을까? 누구 말처럼 그냥 딱 꽂힌 거 같다.

딱 한 가지, 그나마 조금 비빌 언덕은 글공부(?)를 아주 조금은 했다는 정도였다.

작가 지망생이라 돈을 투자해서 1년짜리 글쓰기 공부를 좀 했었고 전자책을 낸 정도의 경험은 있었다. 아무것도 없는 내게는 큰 힘이 되는 작은 스펙이었다. 그리고 2011년부터 책을 다양하게 많이 읽었는데 아무래도 이 독서 경험도 조금은 도움이 되었다.

아, 유통 이야기를 하다가 옆길로 샜구나.

얼마 전, 신간 서평을 검색하다가 어떤 블로거분이 쓰신 글을 읽었는데 우리 책을 쿠팡 새벽 배송으로 받았다고 하시는 거다! 우리 책이 쿠팡에서 팔린다는 사실은 알고 있었는데 이게 새벽 배송도 된다니! 하며 혼자 감탄해 마지않았다.

원래 책이란 주문이 들어오면 당일에 발주를 한다. 보통 오전 중에 전날 들어온 주문에 대한 출고를 모두 진행한다. 그런데 어떤 분이 오후에 책을 주문해서 그다음 날 새벽에 책을 받았다면 내가 그 오후와 새벽 사이에 책을 발주하고 물류에서 책이 나가야 하는데 저는 안 보냈는데요?

어떻게 된 걸까?

먼저 나는 쿠팡과 거래 계약을 한 적이 없다. 앞서도 언급했지만, 쿠팡에는 다양한 판매자들이 있다. 쿠팡에 입점한 판매자가 세나북스 책을 파는 것이다. 대형 서점들도 입점해 있다. 판매자는 내가 거래하는 도매상과 거래를 하는 것으로 보인다. 그 도매상이 우리 책을 재고로 가지고 있기에 이런 새벽 배송이 가능하다.

작년에 새로운 도매상과 거래를 시작했다. 편의상 S 도매상이라고 하겠다. 이 S 도매상과 거래를 시작하고 아이디를 받아서 협력사 정보 시스템에 접속했다. 그런데 예전에 우리 회사 책을 거래한 내역이 있었다. 아니 이번에 새로 계약을 했는데 어떻게 된 거지? 아마도 다른 유통사에서 책을 구매해서 판 것 같았다. 궁금해서 담당 부장님께 여쭈어봤다.

"부장님 ○○(다른 도매상)에서 책을 받아서 파신 거예요?"

"아니요, 저희는 ○○하고는 거래 안 해요. 교보문고, YES24에서 사 온 거예요."

전국단위 도매상도 출판사와 개별 계약이 안 된 상태에서 거래처 책 주문이 들어오면 어떻게든 책을 구해서 공급해야 한다. 그래서 교보문고, YES24 등에 책을 주문해서 판매한다.

교보문고 같은 대형 서점은 일반 고객과의 거래만 하는 것이 아니라 B2B (기업과 기업 사이에 이루어지는 전자상거래)도 많이 하고 있다. 교보문고의 협력사 네트워크(출판사용 SCM)에 들어가 보면 판매 정보를 조회할 수 있는데 영업점, 온라인, 법인 이렇게 세 가지로 판매처를 세분화해놓았다.

영업점은 교보문고의 오프라인 매장에서 판매된 내역이고 온라인은 교보문고 인터넷 서점, 그리고 법인은 위에서 언급한 다른 서점 판매나 도서관 영업을 통한 판매로 보인다. 사실 이런 정보는 누가 자세히 알려주는 것도 아니고 일을 하다 보면 자연스럽게 알게 된다. 직접 유통을 해봐야 이런 세세한 부분도 알게 된다.

쿠팡에도 우연히 우리 책이 들어가 있는 것을 봤는데 처음에는 어디서 책을 공급받는지 잘 몰랐다. 그래서 쿠팡에 직접 책 주문을 해보니 다음날 도매상에 주문이 들어와 있었다. 아하, 도매상에서 책을 공급받는구나, 이렇게 하나씩 알아가고 있다. 사실 도매상의 협력사 정보 시스템에 들어가면 전국 어느 서점으로 책이 나가는지 다 나오는데 그걸 일일이 다 보지 않아서 몰랐다. 유통을 더 자세히 알고 싶다면 실제 우리 책이 전국 어느 서점에서 팔리는지 알아보기도 해야 한다. 유통을 더 공부해야겠다는 생각이 든다.

군이 표현하자면 나는 바텀업(Bottom-up, 전반적인 원칙보다 먼저 세부적인 데서 출발하는) 방식으로 일을 배우고 있는 셈이다. 구체적인 사례나 경험으로 큰 물줄기를 이해하고 있다. 물론 탑다운(Top-down, 일반적인 것에서 시작하여 세부적인 사항으로 진행되는) 방식으로 배우면 좋은데 아무도 알려주지를 않으니 이런 방식으로 독학할 수밖에 없다. 이런 면에서 출판계 출신이나 관련 일을 했다면 이런 지식에 해박할 텐데 하는 생각이 든다.

심지어 얼마 전에는 쿠팡에서 우리 출판사 책과 다른 출판사 책을 같이 묶어서 세트로 팔고 있는 것도 봤다. 나야 뭐 책이 팔리면 좋지만 참 재미있고 특이하다고 생각했다.

아무래도 책을 팔 때 배송비 등이 문제다 보니 그런 아이디어를 쿠팡에 입점한 책 판매자가 낸 것 같다. 그런데 세트로 묶은 책이『책과 여행으로 만난 일본 문화 이야기』+『빨강머리 앤이 사랑한 풍경』이었다. 관련성이 없어 보이는데….

이 외에도 다른 출판사의 여행서와 세나북스의 여행서를 세트로 팔거나 세나북스 책에 미니 수첩을 같이 붙여서 파는 경우도 있었다.

어찌 되었든 우리 책이 쿠팡으로 새벽 배송도 된다고 하니 신기하기도 하고 재미있다.

5 장

어떻게 책을 팔 것인가?

출판 마케팅은 자신이 잘하고
꾸준히 할 수 있는 방법으로

30년을 출판업계에서 일하고 그중 15년을 출판사 대표로 계시는 분도 가장 고민은 마케팅이라고 하셨다.

"책 만드는 건 잘하지. 그런데 어떻게 팔아야 하는지는 아직도 어려워."

원래 영업 사원과 디자이너 한 명, 이렇게 두 명과 함께 일했는데 얼마 전에 영업 사원을 내보냈다고 하셨다. 있으나 없으나 매출이 비슷했다고 한다.

나도 만약 직원을 두고 일한다면 딱 대표님 정도가 아닐까 싶다. 대표님의 회사는 한 달에 2~3권 정도 출간하는 페이스다 보니 디자이너가 직원으로 있으면 좋을 것 같았다. 편집은 직접 다 하고 계신다. 나도 대표님처럼 오래 이 일을 하고 싶다.

출판을 둘러싼 급격한 환경 변화도 마케팅을 어렵게 하는 요인일 것이다. 내가 마케팅을 이렇게 하면 된다고 말해 줄 수 있으면 너무나도 좋겠지만 정말 쉽지 않은 일이다.

예전에 출판 잡지 〈기획회의〉에서 어떤 출판사 대표가 '마케팅을 특별히 하지 않는다'라고 인터뷰에서 말했다. 믿어지지 않았다. 어떻게 그게 가능합니까? 책을 잘 만들어 놓으면 알아서 나간다는 것인데, 사실 이건 틀린 말만은 아니다.

책은 참 신기하게도 자신이 스스로 가지고 태어난(?) 에너지가 분명 있다. 독자들은 그걸 기가 막히게도 잘 알아낸다. 사람으로 치자면 '될 놈은 된다'가 적당한 표현일까?

『한 번쯤 일본에서 살아본다면』을 2015년 12월에 출간했을 때 이 사실을 조금은 알 수 있었다. 완전 초보 출판사 대표에 마케팅이 뭔지도 몰랐다. 심지어 책 제작과 유통도 다른 업체에 일괄 위임해서 진행하던 시절이었다. 초도도 그 업체에서 알아서 다 계약해서 진행했다. 초도 개념도 없는 상태였다.

그런데도 책은 초반에 엄청난 속도로 팔려나갔다. 마케팅을 나름 열심히 했지만, 유료 광고라는 세계가 있는지도 몰랐고 하여간 출판 마케팅은 1도 모르던 시절이다. 하지만 그 책은 혼자만의 힘으로 무려 2년 동안이나 광화문 교보문고 여행 코너 매대에 놓였다. 지금도 마찬가지지만 서점 MD를 찾아가지도 않았다.

매대에 책이 놓여 있으면 꼭 그 매장에서 책이 팔리지 않더라도 분명 광고효과가 있다. 매대 자체가 광고판이다. 지금 생각해도 정말 고마운 일이다. 요즘은 그렇게 매대에 오래 있는 책이 없어서 조금 아쉽기는 하다.

6년째 1인 출판사를 하면서 마케팅에 관해 한 가지 깨달은 바가 있다. 마케팅을 직접 한다면 자신이 잘하고 꾸준히 할 수 있는 방법을 찾아야 한다. 자신의 특성, 습관, 버릇 등에 맞는 방법이 분명히 있다. 이건 마케팅에서 굉장히 중요한 포인트다. 왜냐하면 내가 편하게 할 수 있는 방법이고 나의 성향과 잘 맞아야 꾸준히 할 수 있기 때문이다.

마케팅 방법은 아주 다양하다. 하지만 혼자, 직접 마케팅하는 1인 출판사 대표라면 방법을 알아도 다 실행할 수가 없다. 물리적으로 불가능하다. 심지어 물리적으로 가능해도 이게 마음이 동하지 않는 경우도 있다. 무슨 일이든 억지로는 잘 안 된다.

예를 들어 얼마 전에 읽은 책에 1인 출판사 대표가 SNS가 자기하고 잘 안 맞는다고 썼다. 그럼 이분은 SNS가 효과가 있다 해도 자신이 하기 싫으니 하고 싶지도 않고 자주 하지도 않을 것이다. 그렇다고 문제가 될 것도 없다. 마케팅 방법은 많고 내게 맞는 방법을 찾아서 실행하면 된다.

나는 블로그, SNS를 열심히 하고 재미있다고 생각하기에 꾸준히 이 방향으로 마케팅, 홍보를 하고 있다. 어떤 사람은 메일링이 자신에게 잘 맞는다고 생각해서 메일을 이용한 마케팅을 할 수도 있다. 그리고 또 어떤 사람은 자신이 마케팅을 직접 하기에는 다른 일도 많고 피곤하고 성가셔서 돈이 조금 들어도 전문 업체에 맡길 거야 이럴 수도 있다. 대신 다른 일에 자신의 역량을 집중하면 된다.

어떤 책이 잘 팔린다면, 그 책은 처음부터 독자에게 어필하기 쉽고 잘 팔릴 요소를 갖추고 있는 것은 아닐까? 거기에 출판사 대표가 자기에게 잘 맞고 열심히 매진할 수 있는 마케팅 방법을 활발하고 꾸준하게 진행하고 있는 것은 아닐까?

자신이 잘하고 꾸준히 할 수 있는 마케팅 방법이 무엇인지 열심히 고민해 보자. 예를 조금 들어보면

- 가성비 좋고 기발한 아이디어의 굿즈 제작을 잘하기에 끝내주는 굿즈를 제작해서 판매와 연결한다.
- 각종 포털에 책을 노출하는 방법을 잘 알아서 판매와 연결한다. 네이버 책문화 코너에 신간과 서평 이벤트 노출을 해본다.
- 작가의 인지도를 활용, 오프라인 강연이나 독자와의 만남 같은 자리를 많이 만들어서 판매와 연결시킨다.
- 각종 키워드 광고, 페이스북 광고, 인스타그램 광고를 저렴한 가격으로 효율성 높게 진행해서 판매와 연결시킨다.

- 미디어의 특성을 잘 알고 인맥이 있어서 신문 기자 등의 언론인을 이용한 마케팅이 가능하다. 기자들은 항상 새로운 기사를 원하기 때문에 시류에 잘 맞고 책 내용이 신선하면 기사로 다루어 주기도 한다.
- 인맥이나 다른 방법을 통해 TV, 라디오, 유명 팟캐스트, 유튜브 등에 저자를 출연시킨다.

등등 아주 다양할 것이다. 이거 다 못한다. 이 중에서 가능하거나 마음 가는 방법을 골라서 진행하면 된다.

출판사에서 북클럽 운영하기도 마케팅의 한 방법이다. 전자책이나 오디오북, 특별 한정판을 내거나 합본을 내는 등의 활동도 모두 마케팅의 하나라고 볼 수 있다.

기존에 있는 마케팅 방법을 다 해보기도 어렵지만, 기존에 나와 잘 맞는 마케팅 방법이 없을 수도 있다. 북 마케팅 방법은 얼마든지 새로 개발할 수 있다. 남들이 하지 않는 기발한 아이디어를 가지고 내가 잘 할 수 있는 마케팅을 해보자.

출판 마케팅의 한 방법,
출간 기념회와 독자와의 만남 이벤트!

책이 출간되면 출간기념회나 독자와의 대화 같은 행사
는 가능한 진행 하려고 한다. 실제 독자님들을 만나는 소
중한 시간이기도 하고 무엇보다 홍보 효과도 크다.

랜선으로 독자님과 소통하고 있지만 직접 만나기는 쉽
지 않아서 이런 행사를 통한 만남은 의미가 있다. 그리고
이런 행사는 작가님들께 드리는 작은 선물이기도 하다.

『한 번쯤 일본에서 살아본다면』을 출간하고 저자님들과
출간기념회를 열었다. 그 자리는 내 지인들에게 '저 이제
회사 그만두고 출판사 합니다!'라고 알리는 자리이기도 해
서 5년 정도 못 본 회사 선배에게도 연락했었다.

덕분에 지인들도 많이 와주고 작가님들도 지인들을 초

대하기도 했다. 솔직히 우리끼리 잔치하는 느낌도 있었지만 뜻깊고 즐거운 자리였다.

2017년에는 박현아 작가님의 『프리랜서 번역가 수업』출간기념회를 했다. "한 서른 분 오시겠지?"라고 조금 안일하게 생각했던 것 같다. 합정동의 작은 카페를 행사 장소로 정했다.

그런데 무려 두 배가 넘는 70분 이상이 오셨다! 다행히 커피와 다과 등 손님들이 드실 거리는 충분히 준비해서 갔기에 나중에 남은 음식을 싸드리기까지 했지만, 장소가 좁다 보니 옆 가게에서 의자를 빌려오기도 하고 카페 바깥에 앉기도 하고 대혼란이었다.

그날 나는 이 책이 잘 팔릴 것이라고 확신했고 역시나 『프리랜서 번역가 수업』은 지금도 잘 나가는 스테디셀러다.

2019년 1월에는 이예은 작가님의 『다카마쓰를 만나러 갑니다』의 출간기념회 겸 독자와의 만남을 신촌 토즈 아트레온에서 진행했다. 알고 보니 토즈에는 기업회원 10% 할인 서비스도 있어서 잘 활용했다. 토즈 말고도 요즘은 비슷한 형태의 모임 센터가 많아서 잘 알아보고 이용하면 편하고 저렴하게 각종 행사를 할 수 있다.

바로 이어서 2019년 3월에는 2018년에 출간된 『프리랜서 번역가 수업 실전편』의 독자와의 대화를 교보문고 광화문점 배움홀에서 진행했다. 교보문고에서 하는 독자와의 대화는 참 멋지다는 생각이 든다. 다른 교보문고 지점은 대관비가 없는데 광화문 교보문고는 시간당 110,000의 대관비가 있었지만 그래도 역시 대한민국 최고 서점은 광화문 교보문고지! 라는 생각에 기꺼이 지불했다.

아는 출판사 대표도 3월에 교보문고 분당점에서 출판에 관한 강연을 했는데 강연 장소는 서점 내의 오픈된 공간으로, 평소에는 책 읽기용으로 마련된 긴 테이블 근처였다.

나도 강연에 참석했는데 처음에는 별도 공간이 아니라 산만하면 어쩌나 조금 걱정했지만, 서점 내를 지나가던 분들도 자연스럽게 강연을 들을 수 있고, 확 트인 공간이라 광화문 교보문고보다 강연 장소로는 더 적합하다는 인상을 받았다. 교보문고 배움홀은 별도의 공간이지만 강연장이 좀 좁다.

당시 교보문고 분당점 MD님 말씀이 분당점 점장님이 이런 문화 행사를 적극적으로 유치하신다고 해서 우리도 다음에는 여기서 행사를 해야겠다는 생각이 들었다. 대관비도 따로 없다.

이런 독자와의 대화, 북 토크 행사를 몇 번 진행해보니 많은 분이 이런 행사를 굉장히 좋아하신다는 느낌을 받았다. 물론 준비하는 나는 머리가 좀 아프지만, 작가님들께 작은 선물을 드린 것 같기도 하고 무엇보다 독자님들이 행사가 좋았다고 리뷰도 블로그에 남겨주시고 인스타에 댓글도 주시면 무척 기분이 좋고 보람을 느낀다.

토즈 같은 모임 센터는 다과를 준비해서 초대한 손님을 대접하기에도 좋다. 그런데 토즈는 지점에 따라 외부 음식 반입이 안 되는 곳도 있으니 사전에 반드시 체크해야 한다.

카페는 분위기는 좋은데 아주 넓은 곳이 아니면 아무래도 인원에 제한이 많고 빔프로젝터나 음향 등의 시설이 토즈 같은 모임 센터에 비하면 좀 열악할 수도 있다. 이런 점을 미리 염두에 두고 사전에 잘 체크해야 원활한 행사 진행이 가능하다.

교보문고 광화문점에서는 강연회 한 달 전부터 북 토크 홍보 포스터를 광화문점 내에 붙여주고 홍보도 해 주었다. 책이 매장에 없으면 주문을 해서 매대에도 놔준다!

당시 광화문 교보문고 외국어 MD 님이 무척 친절하게 잘 해주셔서 감사했다. 사실 처음 서점에서 하는 행사라 많이 긴장했는데 교보문고 직원분들이 잘 도와주시고 일 처리도 신속하게 해 주셨다.

앞서 언급한 교보문고 분당점에서 했던, 모 출판사 대표의 강연도 성황리에 잘 치렀다. 확실히 이런 행사는 홍보 효과가 있다. 교보문고 MD 님 말씀이 행사 당일에 오늘은 못 가서 너무 아쉬운데 이런 행사 또 언제 하느냐고 전화로 많은 문의가 왔다고 한다. 많은 분이 이런 문화 행사에 관심이 있으니 잘 활용하면 좋다.

조금만 발품 팔면 큰돈을 들이지 않아도 이런 행사를 할 수 있다. 아무래도 작은 출판사들은 비용 때문에 행사하기가 쉽지 않다.

사실 얼마 전에 나온 책 『한 달의 교토』와 『초보 프리랜서 번역가 일기』의 두 분 작가님의 출간 기념회를 열어드리고 싶었는데, 코로나 19사태로 진행할 수가 없어서 무척 아쉽다. 나중에라도 꼭 해드리고 싶다.

1인 출판사에게 큰 힘이 되는
블로그를 이용한 마케팅

블로그가 없어도 책을 팔 수는 있다. 책을 팔 수 있는 마케팅 방법이 100가지가 있다면 그중 내가 아는 방법은 채 30개도 되지 않을 것 같다. 그래도 출판을 한다면 블로그를 잘 이용하면 좋다.

하루에도 2~3건씩 메일과 쪽지가 온다. 블로그 대여나 블로그를 판매하라는 내용이다. 200~300만 원 줄 테니 블로그 넘기란다. 그럼 나는 이렇게 대답해 주고 싶다.

"10억 정도 주면 생각해 볼게…."

웬 허세냐고 하시겠지만 진심이다.

왜냐하면 블로그가 없으면 나는 출판 마케팅을 전혀 할 수가 없고 작가님들을 섭외할 수도 없으며 하여간 이 블로그가 출판 마케팅의 전초기지다. 하긴, 사람들이 저렇게 나보고 팔라고 하는 것만 봐도 내 블로그가 조금은 가치가 있는 듯싶다. 검색이 조금 잘 되기는 한다. 오랫동안 블로그를 해서 블로그 지수가 조금 높은 분야도 있다.

블로그가 검색이 잘 된다는 것은 검색 엔진 최적화(SEO Search Engine Optimization)가 되어 있다는 의미이다. 즉 네이버나 구글 등에서 특정 단어나 문장 검색을 해서 내 블로그의 어떤 글이 잘 검색된다는 것은 검색 엔진이 내 블로그와 글을 좋아한다는 의미다.

사실 블로그를 이렇게 검색이 잘 되게 만들기가 좀 어렵긴 하다. 그렇다고 시중에 떠도는 다양한 블로그 관련 최적화 방법을 사용하라고 권하고 싶지 않다. 관련 강의도 많지만 절대 큰돈 들여서 그런 강의를 들을 필요까지는 없다.

검색 엔진 최적화는 블로그 최적화라고도 불린다. 기술적인 방법을 익혀서 적용하면 내 블로그가 잘 검색되는 데 잠시 도움은 되겠지만 어차피 이 검색 엔진이라는 건 검색 엔진 회사가 알고리즘을 계속 바꾼다. 구체적으로 말하자면 네이버가 계속 내부적인 수정을 한다.

네이버에서 하루아침에 검색 순위가 뒤바뀌어도 우리가 할 수 있는 일은 아무것도 없다. 그렇다면 방법은 하나다. 좋은 콘텐츠를 꾸준히 올리면 된다. 아무리 검색 엔진의 내부 작동 방법이 바뀐다 해도 좋은 콘텐츠를 마다할 리는 없다.

그럼 북 마케팅에 블로그가 중요하다고 말한 이유를 조금 설명해 보겠다. 그러려면 블로그와 출판의 연결고리를 구체적으로 알아보면 된다.

블로그의 가장 바람직한 모습은 관심 있거나 전문적인 분야에 대해 자신이 알고 있는 좋은 정보를 많이 올려서 다른 사람들에게 재미와 정보를 주는 것이 아닐까? 검색하는 사람들도 광고보다는 진짜 자신에게 필요한 정보가 보고 싶다.

나 같은 경우는 출판하기 전부터 일본, 일본 문화, 일본 여행, 일본어, 독서와 서평에 관심이 많아서 블로그에 많은 정보를 포스팅했다. 처음 블로그를 할 당시에는 블로그를 키우겠다, 이런 생각보다는 내가 좋아하는 정보를 올리고 사람들이 좋은 반응을 보여주면 기분이 좋고 신이 난다고 하는 정도였다.

지금 와서 예전에 쓴 일본 관련 포스팅이나 책 리뷰 내용을 보면 "내가 이걸 이렇게 정성스럽게 언제 다 썼나!"라는 생각이 든다. 누가 시켜서 한 게 아니라 재미있어서 자발적으로 즐겁게 썼기에 꾸준히 할 수 있었다. 시간을 많이 들여서 열심히 포스팅했는데, 포스팅 하나 작성하는데 3~4시간 이상 들여서 책을 서너 권 참조하기도 했다.

그렇게 블로그에 쓴 포스팅이 수백 개가 넘어가니 관심 분야의 포스팅을 하면·네이버에 잘 노출이 되곤 했다. 그러다가 출판을 시작하게 되었고 우리 출판사의 책들도 예전부터 블로그에 포스팅하던 내용의 연장선에 있다 보니 자연스럽게 우리 책도 노출이 되는 것 같다.

네이버 블로그 통계를 항상 모니터링하는데 특정 포스팅이 어떤 경로로 검색되었는지 정보가 나온다. 포스팅에 따라 다른데 구글에서 유입되는 경우가 많다. 즉, 누군가 구글에서 특징 키워드를 검색하면 내 블로그 글이 검색 상위에 떠서 유입된 것이다. 구글은 어떤 정보를 검색하면 정말 유용하다고 생각되는 정보에 힘을 실어준다. 그런 면에서 구글에서 내 블로그가 잘 검색되니 무척 기분 좋은 일이다.

알고 보면 별 방법은 아닐지 모르지만 나는 이렇게 블로그와 내 관심사와 출판, 이 세 가지를 연결한 셈이다. 누구나 이런 방법으로 블로그를 키워서 출판이 아니더라도 자신이 좋아하는 일과 사업 등에 연결할 수 있다.

차별화되는 블로그를 만들기 위해서는 명확한 콘셉트가 있으면 좋다. 인기 있고 양질의 정보를 제공하는 블로그들을 벤치마킹해 보자. 그리고 블로그를 잘하려면 운영할 의지와 시간이 필요하다. 처음에는 생각보다 많은 시간을 투자해야 한다. 어느 정도 익숙해지면 이런 시간도 많이 단축된다.

명확한 콘셉트와도 연결되는 이야기지만 꾸준히 창출할 주제나 이야깃거리가 있어야 한다. 그리고 가장 중요한 점은 내가 블로그를 통해 얻으려는 것이 무엇인지를 항상 생각해야 한다. 목적이 없다면 꾸준히 할 수 없다. 이렇게 하다 보면 블로그가 일상이 되는 순간이 온다.

우리 출판사 책을 좋아하는 사람들에게
브랜드를 각인시키자

초창기에 자기 색이 있는 출판사를 지향하면 좋다는 건 아무래도 사람들의 취향이 다양하기 때문이다. 우리 출판사 책이 취향에 맞으면 브랜드를 기억했다가 다음에도 또 책을 구매해 주시는 독자층이 분명히 있다.

하지만 작은 출판사라고 반드시 색깔을 하나로 가야 하는 것도 아니다. 독자의 니즈만 잘 파악할 수 있다면 다양한 분야의 책을 내도 된다. 당연히 그렇다.

출판사 색깔이 분명하면 유리한 점이 많긴 하다. 구체적인 예를 들자면 신간이 나오면 블로그에서 서평 이벤트를 여는데 아무래도 책이 색깔이 비슷하다 보니 같은 분들이 많이 응모해 주신다. 그러다 보면 친해지기도 하고 아는 분이 응모해주시면 너무 반갑고 그렇다.

그리고 이분들이 써주신 리뷰를 읽어보면 사랑이 뚝뚝 떨어진다. 서평 하나하나가 어찌나 감사하고 고마운지. 서평 수준도 높다. 이미 가지고 있는 지식도 많고 좋아하는 분야니 애정이 넘치기 때문이다.

사실 서평 이벤트를 하면 진심으로 감사한 마음뿐이다. 소중한 시간을 내서 책을 읽는다는 것, 그것도 우리 출판사 책을 읽어준다는 사실 자체가 감사하다. 거기에 서평도 써주신다! 그리고 서평이 감동적이기까지 하다! 무얼 더 바라겠는가.

서평 이벤트를 해야겠다는 생각을 한 건 M출판사 대표님 덕분이다. 이분은 영어책만 전문적으로 내는데 항상 내게 조언을 아끼지 않으신다. M출판사 책을 많이 선물 받기도 했다. 나도 답례로 우리 출판사 책을 선물하기도 했는데 서평도 꼭 써주신다.

이분은 "우리 출판사 책을 읽고 리뷰를 써줄 수 있는 분께는 얼마든지 책을 드린다"를 모토로 하고 있는데 나도 이런 생각에 무척 공감이 갔다. 우리 출판사 책을 읽고 서평이나 평가를 해준다는데 안 드릴 이유가 없다.

책을 많이들 안 읽는다고는 하지만 책을 좋아하는 분들은 1년에 수백 권도 더 읽는다. 원래 책을 읽지 않는 사람들에게 내가 만든 책을, 아니 어떤 책이든 읽게 만드는 일은 사실 불가능에 가깝다.

하지만 특정 분야에 대한 책을 계속 내면 그 분야를 좋아하는 독자들이 언젠가는 책과 출판사의 존재를 알게 되고, 열혈 독자가 될 가능성도 훨씬 높다. 누구나 자신의 관심사 외에는 신경도 쓰지 않는다. 내 관심 분야에만 신경 쓰기도 바쁘다. 내가 바둑이나 스포츠에 하나도 관심이 없는데 그 분야 책에 신경이나 쓸까? 안 쓴다.

가끔 우리 책에 대한 리뷰를 검색하거나 인터넷 서점의 리뷰를 보면 "세나북스에서 나온 다른 책을 읽어봤는데 좋아서 이 책도 기대가 된다"라거나 "○○작가의 다른 책도 읽어서 이번 책도 기대가 된다"라는 글을 가끔 보게 된다. 정말 감사한 마음뿐이다.

아직 세나북스를 모르는 사람이 더 많지만, 앞으로도 꾸준히 세나북스만의 색을 가지고 열심히 책을 만들어서 많은 분이 알아주는 작지만 강한 출판사가 되고 싶다.

부록

출판에 관한 짧지만 유용한 지식 6가지
(주의! 지극히 주관적인 정보임)

1. 1인 출판사로 성공하기 위한 5가지 중요 포인트

- 책을 만드는 기술(기획, 편집, 제작)이 있어야 한다
- 책을 파는 기술(유통, 마케팅)이 있어야 한다
- 출판 프로세스를 잘 알아야 한다
- 작가를 잘 관리해야 한다
- 신간 개발을 끊임없이 해야 한다

2. 디자인 잘하는 방법

디자인이 좋은 책을 그대로 따라서 디자인해 본다. 마치 작가 수업을 할 때 필사를 하거나 화가 지망생이 모사하는 것과 같은 맥락이다. 강의를 듣고 배우는 것도 중요하지만 직접 해봐야 실력이 향상된다. 이렇게 실력을 키운 다음 자신만의 디자인을 하면 된다.

3. 매장 영업을 꼭 해야 할까요?

시간과 체력이 필요한 매장 영업은 하면 좋지만, 들인 시간이나 노력에 비례하는 성과가 나오는지가 중요하다. 나도 거의 안 하고 있는데 꼭 해야 한다고 생각하지는 않는다. 내

가 아는 1인 출판사 대표는 영업자 출신인데 매장에는 거의 안 나간다고 한다. 이유는 책 만드느라 바빠서.

4. 어음에 대응하는 현명한 방법

도매상 중에 결제 금액이 100만 원 이상이면 어음을 발행하는 곳이 있다. 처음에는 어음 만기일(3개월 후)까지 기다렸는데 최근에는 어음을 돌리거나(배서) 어음 할인을 받고 있다. 한국출판문화진흥재단에서 출판사 어음을 할인해 주니 잘 활용하면 좋다. 얼마 전에야 어음 할인을 쉽게 받을 수 있는 이 방법을 알아서 이용하고 있다. 일반 은행에서는 담보를 요구하거나 여러 이유로 어음 할인을 잘해주지 않으니 처음부터 한국출판문화진흥재단에 알아볼 것을 추천한다.

5. 보도 자료와 인터넷 서지 정보 작성 시 TIP

제목을 잘 지으면 당연히 좋고 부제도 신경 써야 한다. 인터넷에서 검색이 되기 때문이다. 그리고 목차도 충실한 편이 좋다. 책 내용이 좋으니 목차의 각 제목을 소홀히 해도 된다고 생각하면 안 된다. 실제로 목차의 내용이 인터넷 검색에 걸리는 경우를 많이 경험했다.

6. 인터넷 서점의 세일즈 포인트가 전부가 아니다

어떤 책이 잘 팔렸는지 가장 쉽게 아는 방법은 인터넷 서점의 세일즈 포인트를 보면 된다. 아니면 분야별 판매량 순서로 책 정보를 보면 된다. 그런데 인터넷 서점 한 곳의 세일즈 포인트만으로 그 책의 인기가 완전히 다 파악되지는 않는다. (세일즈 포인트를 제공하지 않는 서점도 많다) 일단 3개 이상의 인터넷 서점의 판매 동향을 분석해 봐야 한다. 같은 분야라도 인터넷 서점에 따라 판매가 잘 되는 책이 다르기 때문이다. 오프라인 서점에도 가 볼 것을 추천한다. 인터넷 서점의 세일즈 포인트는 그다지 높지 않은데 10쇄 이상 찍은 책도 상당히 많다. 이런 경우는 오프라인에서 많이 팔렸거나 다른 유통 판로가 있어서 많이 판매되었다고 추측할 수 있다. 유통 판로는 책이 어떤 분야인가에 따라 다양하다. 수험서나 아동용 도서는 일반 단행본과 다른 유통 구조로 되어 있다.

혼자 일하지만 행복한 1인 출판사의 하루

내 작은 출판사를 소개합니다

초판 1쇄 인쇄   2020년 6월 24일

초판 1쇄 발행   2020년 7월 10일

지 은 이   최수진

펴 낸 이   최수진

펴 낸 곳   세나북스

출 판 등 록   2015년 2월 10일 제300-2015-10호

주   소   서울시 종로구 통일로 18길 9

홈 페 이 지   http://blog.naver.com/banny74

이 메 일   banny74@naver.com

전 화 번 호   02-737-6290

팩   스   02-6442-5438

I S B N   979-11-87316-66-4 03010

이 책은 저작권법에 따라 보호받는 저작물이므로 무단 전재와 무단 복제를 금합니다.

잘못 만들어진 책은 구입하신 서점에서 교환해드립니다.

정가는 뒤표지에 있습니다.